华夏智库·新管理丛书

MJ MODEL
TRAINING PROGRAM DESIGN

培训课程设计
MJ 模式

王东云 ◎ 著

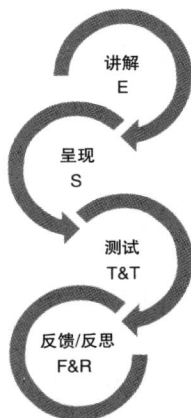

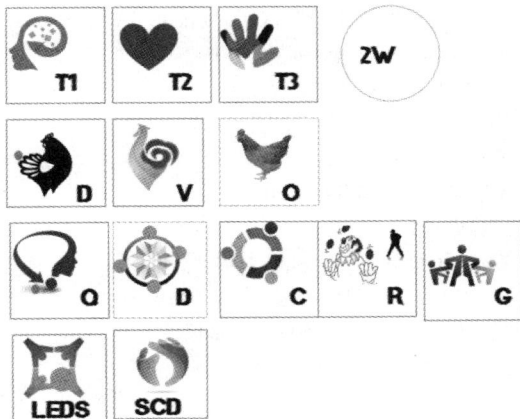

经济管理出版社
ECONOMY & MANAGEMENT PUBLISHING HOUSE

图书在版编目（CIP）数据

培训课程设计 MJ 模式/王东云著．—北京：经济管理出版社，2016.6

ISBN 978 - 7 - 5096 - 4534 - 5

Ⅰ.①培…　Ⅱ.①王…　Ⅲ.①职业培训—课程设计　Ⅳ.①C975

中国版本图书馆 CIP 数据核字（2016）第 183742 号

组稿编辑：张　艳

责任编辑：杨国强　张瑞军

责任印制：黄章平

责任校对：王　淼

出版发行：经济管理出版社

　　　　　（北京市海淀区北蜂窝 8 号中雅大厦 A 座 11 层　100038）

网　　址：www. E - mp. com. cn

电　　话：（010）51915602

印　　刷：三河市延风印装有限公司

经　　销：新华书店

开　　本：720mm×1000mm/16

印　　张：9.25

字　　数：176 千字

版　　次：2016 年 8 月第 1 版　　2016 年 8 月第 1 次印刷

书　　号：ISBN 978 - 7 - 5096 - 4534 - 5

定　　价：38.00 元

《培训课程设计 MJ 模式》 视觉图集

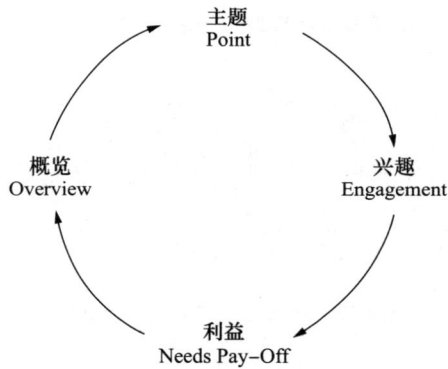

MJ 课程设计模型——开场 OPEN 模型

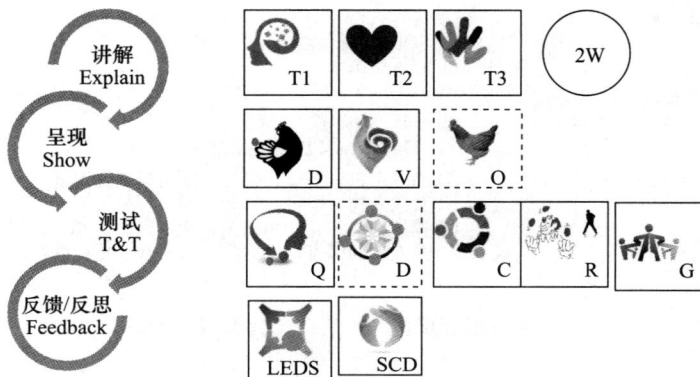

MJ 课程设计模型——主体 ESTF 模型

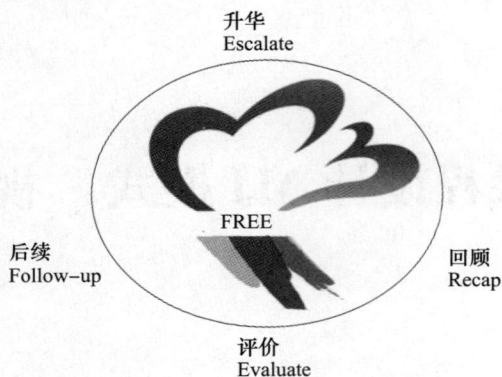

升华
Escalate

FREE

后续
Follow-up

回顾
Recap

评价
Evaluate

MJ 课程设计模型——结尾 FREE 模型

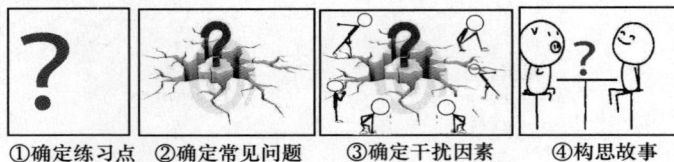

①确定练习点　②确定常见问题　③确定干扰因素　④构思故事

MJ 课程设计模型——活动设计 PPIS 模型

步骤	要点
①确定练习点 （Knowledge）	具体的原理、原则、程序
②发现常见问题 （Problems）	① 目标人群 ② 常见问题行为 ③ 问题后果
③找出干扰因素 （Interference）	① 来自他人 ② 来自环境：文化/组织 3.来自角色自身技能/心态欠缺
④构思故事 （Story）	① 确定主角：职位、年龄、学历等相关因素 ② 其他人物：职位、年龄、学历等相关因素 ③ 描述事件：相关事件的产生、经过、结果；相关人物的语言、行为描述（有细节更传神）

MJ 课程设计模型——活动设计 KPIS 模型

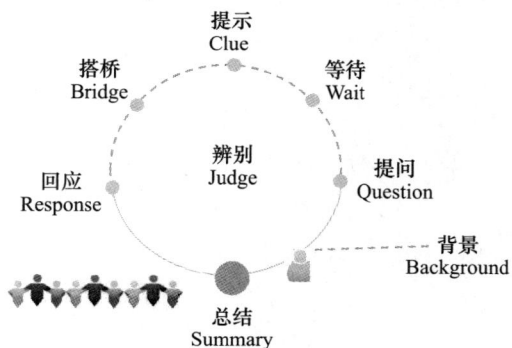

Q 型引导模式

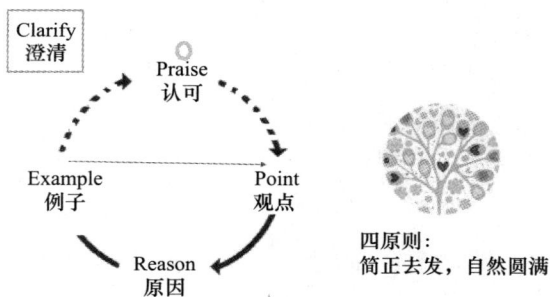

四原则:
简正去发,自然圆满

PREP 回答问题模型

序

作为一个习惯了用一对一面谈方式帮助他人解决困扰的专业教练，我不乏成就感，因为我的教练工作切实地帮助了别人。通过我的教练服务，我的客户更清晰了自己的目标和使命，他们变得更强大、更幸福或更成功。当我的教练时数达到 1000 小时以后，我发现很多人的困扰是相似的，或许大家都同处一个时代，相似的生活情景催生了相似的问题。对于某些有共性的由"不知"导致的困扰，培训显然是一个更有效、更经济的做法，能让多人同时受益。因此，除了教练之外，我根据自己的本能和经验编写了几套课程，尝试着做了几次培训，与我做教练的效果相比，差强人意。

看来，仅参加过培训课程不能保证你就成为专业的培训师。培训师需要专门的技能，设计培训课程有专门的技巧，需要认真学习。为了让我的分享更精彩，让受众有更棒的学习体验，我开始四处寻找和学习 TTT（培训培训师）的课程。

参加了很多次不同老师主讲的 TTT 课程，遇到了王东云老师。她的 MJ TTT（MJ 培训培训师）课程是一个里程碑，其他课程大多是讲招式和描述现象，而在她的课程里你能找到招式和现象背后的依据及注脚，有种让人马"啊哈"的感觉，融会贯通了很多东西。更妙的是多数培训师费半天劲你还觉得云里雾里，东云老师三言两语就说明白了。就课程设计和演绎的理论而言，东云老师所提炼的设计思路和模型，是教室培训的高点和集大成者，既深刻又实用。

正因如此，根据她的课程设计模型，新手可以很快上手，设计出适合自己的演绎风格，又能兼顾生动和互动的课件，而那些有经验的培训老手，则可以通过对照模型和理论找到从不错到精彩的路径，让自己的课程向经典靠拢。

我是这套课程模型的受益者，自从通过了东云老师第一期的 MJ TTT 授课之后，就开始不断地进行授课实践。现在我可以很自如的在教练和培训师之间转换，根据不同的情景给客户不同的解决方案。结果让我更好地实现了我的教练座右铭："共享教练、绽放你我。"企业的高管人员常希望将自己的思想传达给他的团队，得到团队的认可，也希望团队成员之间更好地合作和沟通。在教练谈话之后，我现在可以亲自参加课程设计，将他们的想法通过培训更直接地展现出来。

这是一个互联的时代，这是一个分享的时代，每个人都是学习者，每个人也都是培训师。如果你也有相似的挑战，希望让讲授和分享的过程与你所传达的内容本身一样精彩，你需要一个好的课程设计模型。这个模型不应该仅关注语言上的条理和逻辑，还应该有"其他"，东云老师的模型是关注了那些"其他"的代表。

东云老师和我说，她不希望通过著作权申请把自己的研究结果保护起来，而是写成书让更多人受益，尽管前者在财务上有更好的收益。我为她的无私奉献精神所感动，因此写此序以表达我的感受。我希望东云老师的课程模型可以帮助到正在看这本书的您。因为您，会和所有这个时代的分享者一起，影响到更多的人和企业，让这个时代更精彩！

范赢

安娜范儿教练

高管教练/培训师

自序　更好地面对挑战

先介绍本书中所说的课程设计的内容以及应用范围。

这里所说的课程设计，是指根据培训需求，整合整理相关资料为培训师课堂上所使用的教材及相关活动计划，通常包含投影片，视频、案例等课堂练习资料，教学道具等，而不是"培训项目设计"。后者的内涵更广泛，通常指对教学方式、授课老师、授课形式、培训地点、效果跟踪等一系列环节的设计和安排。培训项目设计的结果既可能是一系列课堂培训，也可能是岗位学习，线上学习，师傅带教，心得分享。本书中所说的"课程设计"概念要小得多，是特指"面对面课堂培训"，即学习者在教室中脱产学习时（Classroom Training），整个学习过程如何设计，才能达成预期的培训目标和目的。

简而言之，这里所说的"课程设计"是指设计 Classroom Training 的原则和技巧。

为什么要特别研究 Classroom Training 设计？

首先，尽管近年来培训形式一直呈多样化发展，但 Classroom Training 依旧是最为主流的培训形式，其系统性和高效性迄今为止尚无法被其他形式所取代。远程学习和体验式学习虽然在表现形式上与教室培训有所差别，但其背后的设计逻辑却与教室里面对面的培训并无太大差异。因此，研究 Classroom Training 能使一个非常大的群体受益。

其次，从事 Classroom Training 的培训师人群庞大，他们培训的主题包罗万象，包括生产制造、质量管理、工序工位、沟通技巧、情绪与压力、领导力等，不一而足。有人是专职培训师，有人是兼职培训师。兼职的培训师往往是某一领域的专家或实践中的高手，他们常被要求将自己专业领域内的知识或积累多年的经验心得传授给他人，培养更多的继任者。传授和传承是一门学问，有专门的技巧。如不得法，往往是讲的人费了九牛二虎之力，学的人昏昏欲睡或不得其解。虽有少数人是天生的培训师，能根据自己的本能把教学活动组织得有声有色，让学习者轻松进入众妙之门，但大多数培训师根据自己的"感觉"和"习惯"讲授培训课程，常把培训当成"演讲"，停留在锻炼口才的层面上，不了解或不注重培训课程的其他非讲解部分，培训效果常无法达到预期目标。

最后，成人学习者对培训课程和培训师的更高要求推动了专业的课程设计。即使是专业的培训师，也要考虑如何通过课程设计环节提升授课质量。学习者的学习需求越来越精细和多样，在内容上，他们希望培训师能完全配合他们的需要，只讲他们感兴趣的部分，而不是再听一些"书上有的"、"搜索一下就知道了"的泛泛而谈，他们期待通过培训学到培训师的独特经验，帮助他们切实解决自己的问题。而在授课形式上，培训师被期待在"讲清楚、讲明白"的基础上，给学习者一个"完美"、"难得"、"酷"的学习体验。这些要求对培训师的语言组织和教学方法设计提出了新的高度，如果不进行专门的学习和精心设计，很难满足学习者的要求。

"工欲善其事，必先利其器"，学习成为培训师提升自我、应对挑战的唯一可能。

这本书所依据的学习理论如下：

许多学习理论家的理论都对本书中的认识和模型产生了影响，其中大卫·库伯（David Kolb）的体验式学习和学习圈理论（Experiential Learning：Experience as the Source of Learning and Development）以及霍尼和麻姆福德的学习风格理论（Honey and Mumford Learning Styles）影响最大。作为培训的实践者，这些理论让笔者形成了以下基本认识：①每个学习者的内在需求和学习倾向是不同的；②外在的刺激和内在的反省同等重要；③创造体验等多种利于启发心智的情境和手段是培训师的任务。

这些认识构成了笔者的教学实践和本书所描述的理论原型，并促成 MJ 课程设计模型体系的诞生。本书以原理、原则、程序划分和界定课程内容的体系，不用传统上人们耳熟能详的"知识、态度、技巧"维度去界定所讲授的课程内容，区别于后者划分方式的不明确性。在笔者看来，态度和技巧都属于知识，导致了在实践中不易区分的情况。用"原理、原则、程序"三个概念概括课程内容的理论由笔者首先提出，在学习理论研究界和培训实践界都是新的，还有需要进一步完善的地方。但依此理论架构出一套简单明确的课程设计模型，用一种结构化的方式，解决培训从业者面临的课程设计问题，是可以实现的。

笔者是迈克尔·杰克逊的粉丝，因此对于课程设计理论和方法，冠以 MJ 的名字，一是向心中的偶像致敬，二是希望每一位培训师采用这种方法所设计出来的课程，都像 MJ 的专辑中的歌曲作品一样，首首经典，没有庸作。

王东云

2016 年 4 月于上海

前　　言

　　就企业数量和培训师的从业规模而言，毫无疑问，中国是全球最大的培训市场。企业旺盛的培训需求，尤其是期待通过培训解决当下实际问题的个性化需求，促进了中国培训师群体的快速成长和成熟。仅仅复制和演绎从国外引进的经典课程，显然已经不能满足中国企业和培训师的需要。而学员的眼界也越来越高，他们对于培训师的期待是多重的，说清楚、说明白成了最基本的要求，除此之外，还期待整个培训过程是令人愉快的，就像展开的旅程，让人体验到美感、好玩、震撼，最终实现"有高度又能落地"的目标。这些需求导致培训师必须根据每一个具体的需求"度身定做"培训课程，才能获得双方满意的效果。一些基本的演讲表达技巧加上简单的互动意识不足以支撑培训师设计出一堂堂精彩的课程。

　　同时，中国乃至国际上教材设计方面信息匮乏。整个国际培训市场缺乏专业的、易学易用的用于指导课程设计的思路和方法。人们只能从 20 世纪 80 年代大卫·库伯（David Kolb）的体验式学习理论中进行各自的解读和演绎。虽然有"体验式学习"、"行动学习"、"探险学习"等令人眼花缭乱的新名词，但对于如何将企业中最常见的充满技术参数和专业术语的各种专业培训变成"互动"、"吸引人"的培训课程，除了停留在从业者经验分享层面的片段信息，没有系统的理论框架和资料，更没有实用、明确的用于指导实践的方法或模型。

　　本书内容是对上述问题的探索，提供教材设计的核心思路，对于设计过程、素材获取、资料整合等关键问题进行了探讨。笔者将这些探索进行深度提炼和总结，以时间轴为展开顺序，将培训过程切分成不同的功能片段，形成一套简单明确的模型系统，以指导教材设计各个环节的工作。其包括：①开头模型（OPEN）；②主体模型（EDTF）；③结尾模型（FREE）；④课堂练习设计模型。

　　运用这套模型，培训师可以有的放矢地组织资料，设计教学形式，在实现"说清楚、说明白"的基础上，做到"很形象、很生动"，实现将培训需求转化为支持实现"互动型课堂"的培训教材，确保设计出的教材能达到预期的培训目标。培训师只需要按图索骥，即可根据预期目标设计出相应的"互动型"教材。

同时，这套模型也为各培训管理人员提供了课程质量把控的技术标准，用于评估课程的成熟度和筛选课程。与这套模型相关的"从需求转化为课程"的模型为培训管理者提供了实践路径。

目　　录

培训的目的和内容

培训的目的是什么

我们首先思考一个最本源也是最核心的问题：培训的目的是什么？

区别于演讲为了传播演讲者的观点或呼吁一个简单的行动，培训的目的是为了"教"，是为了让听众"学会"、"掌握"培训师所传达的内容，能够在课程结束后的实践中，将所学习的内容转化为理想的行为。企业所组织的培训，目的更加明确，往往以胜任某一具体岗位甚至具体工作为出发点，希望接受培训过的员工能够在此岗位或任务中表现出企业所期待的理想行为。

为什么学习能够让听众表现出理想的行为？因为我们假设，如果一个人知道什么是正确的、理想的思维方式和行为，并愿意依此行事，理想的行为会自然产生。也就是说，培训作为使"学习者表现出理想行为"的解决方案，是通过对学习者的思维重构实现的。反过来说，如果一个人没有表现出理想的行为，就其自身来说，要么是因为不知道做什么是正确的，要么是不接受、不愿意做正确的事。

培训的目的是让学习者知道什么是正确的，使其愿意将正确的事付诸实践，并且知道该行为在实践中如何具体地表现出来。

让学习者认知到"什么是正确的"，往往需要通过培训师向学习者讲授与其工作相关的知识而实现。这些知识对学习者表现出理想的行为在不同方面形成影响，各有其作用领域，本书将其概括为三大类别，也称为培训内容的三大核心支柱：原理、原则和程序。

以讲授原理性内容为目的的课程

原理性内容是指课程讲解如下内容：客观发生的事实或客观事物发展过程中的本质联系，经过科学验证的有关自然或社会的客观规律。原理是客观的，既不能创造，也不能消灭；不管人们是否意识到，是否承认，原理总是在客观世界起着相应的作用。

原理性内容通常包括：

（1）客观事实。即客观上已经发生或形成的事实。比如，IBM 公司 1911 年创立于纽约；太阳从东方升起，从西方落下。

（2）数据。包括函数、客观标准、公式、定理。比如，三角形的两边之和大于第三边；6Sigma 是指产品的次品率达到 3/1000000。

（3）规律或法则。即事物间内在的必然联系，决定着事物发展的必然趋向。比如，马斯洛需求理论说明人的需求分为 5 层，即生存的需要、安全的需要、社交的需要、爱的需要和自我实现的需要；PDCA 也被称为"戴明环"，是爱德华·戴明（Edward Deming）质量管理思想的总结。

在学习原理时，学员不存在是否认同，只存在是否新颖，能否听懂和理解。因此，以讲授各种原理为目的的培训课程，授课的重点是如何让学员听懂和理解，因为学习"原理"是"烧脑"的。

以讲授原则性内容为目的的课程

原则，就是价值判断，是一个人或一群人对某事某物的看法、主张、论断。它一定是抽象的和概括的，超越基本的事实或数据，并与个人价值观体系紧密相关。

原则性内容的例子：

（1）要想赢得员工的尊敬，需要身先士卒，做好表率；

（2）幸运只光顾那些有准备的人；

（3）时间管理的真谛，就是要分清楚轻重缓急；

（4）精益生产的核心是颠覆了人们对库存的认知和管理方式；

（5）成功的聆听是成功沟通的一半；

（6）顾客就是上帝。

原则反映的是一部分人的价值观，只是部分人的信条，是对部分事实的抽象论断。面对同一事实或现象，价值观不同的人可能会形成不同的看法，得出不同的结论，提倡不同的原则和行事作风。

由于原则与价值观相连，表现为"某人的观点"、"某人的看法"，超越了普遍性的"真理"或"事实"，因此它永远是抽象的，像是号召，作用于人的心灵而非大脑。所以，培训师在课程中讲授原则时，要让学习者在感情上接受和认同，心理上产生"是的"、"有道理"的体验和感受。

如果你讲授"三角形两边之和大于第三边"的结论并向学习者论述论证过程，就是在讲原理；如果你讲"学习三角形两边之和大于第三边不会给你带来幸福人生"并依此阐述你的看法，就是在讲原则。

原理和原则结合起来，就是我们通常所说的"道理"、"理论"。

以讲授程序性内容为目的的课程

所谓程序，是应用相关原理和原则解决实际问题的体现，它往往由一系列的活动或者动作组成，因此常常被人们称为"技巧"。程序的结果是产生对客观世界有影响的有形交付物，可能是一支笔、一首歌，或者一次服务。

与普遍性原理相比，程序不具有原理普遍的约束性和预测性，程序只适用于某一特定的情景。另外，程序意味着一系列的环节和动作。培训程序类的课程，固然要求学习者理解，但更重要的部分是学习者能够将一系列的动作表现出来，进而"把工作做出来"。

用一个大家容易想象的例子看程序的特点：炒鸡蛋。要做好一盘炒鸡蛋，需要先完成洗净番茄、切块、搅拌鸡蛋、烧热油、炒熟番茄和炒熟鸡蛋等一系列环节和动作。

同样，要想成功地把产品销售出去，需要寻找客户、与客户洽谈、让客户试用产品、签订合同等环节和行动，招聘员工、制造产品、拟定战略，这一系列程序都是产生的结果。

再来看一个销售课程的例子：做好开场白的程序。

做好开场白分为四个步骤：

（1）说明拜访目的；

（2）陈述议程；

（3）陈述议程对客户的意义；

（4）询问客户是否接受。

衡量程序模型优劣的标准是程序内容的可执行性，即执行程序所描述的动作和行动能否导引出预期的效果。含有明确的行为动作，而且这些行为动作具有普遍性，能够确实导出期待的结果，这样的程序模型是值得推荐的。因此，程序模型有以下两个基本特征：

（1）行动特征。简单地说，所列出的步骤有没有导出明确的行为和行动，可用于指导学习者的实践。如果答案是肯定的，就是好程序。

（2）可衡量性。行动的结果是否能够衡量，是否显性。如果没有做某个行为，是否可以从过程及结果当中明确显示出来。

发展完备的程序模型为学员应用理论提供了支撑和依托，是强调应用课程的必然支柱。如果缺乏，会导致整个课程不落地，听上去很美可不知道怎么做。当然，并非所有的理论课程都需要强调它的应用特性。

鉴于程序的以上特点，在实际授课时，程序的训练往往伴随角色扮演、实际操作等由身体参与的练习，以让程序导引行为的特性凸显。程序以及程序的训练方式往往能让学习者受到触动，对于不能提供新"道理"的课程来说，讲解程序和演练程序几乎是让学习者受到触动所必需的。耳熟能详的大道理不会让学员受到触动，尽管他们的行为远远没有做到"大道理"要求的标准，甚至反其道而行之。课堂上的练习就是为把这层窗户纸捅破，学习者发现自己"没做到"或"不会做"时，伴随着"啊？不那么容易嘛"、"原来我其实并不真正明白"、"原来真正的意思是这样"等心理的产生继而产生学习的动力。

TWI（Training Within Industry）是以教授程序为核心授课内容的课程代表，所涉及的原理原则简单浅显。在课程开始时，学习者会觉得"啊，就这么简单吗？"但进行到程序及程序练习环节时，这些学员无一例外都会受到触动，体会到课程的巨大价值。

由此我们得出结论，不管培训课程的时间长度如何，主题属于何种专业领域，学习者是白领还是蓝领，培训的目的就是让人了解并接受三大类别的知识：原则、原理、程序。

实践中有单一要素的培训课程，但一般而言，一个完善的课程会同时含有原理、原则和程序 3 个部分，而且一堂课程中含有多个原理、原则和程序，尽管对每一个原理、原则、程序的关注并非均等。

既然每一个课程内容都可能含有原理、原则、程序，为什么还要对课程内容进行细分？

　　原因之一是为了把握培训需求。尽管每个培训课程都同时含有原理、原则和程序，但侧重点却是不一样的；而且，一个培训课程含有数个原理、原则与程序，重点要讲授哪几个需要预先规划。在确定满足学习者需求的培训内容时，有了原理、原则、程序三大内容支柱的区分，培训师就可以超越通常根据需求方所提出的培训课程主题关键词来望文生义地匹配课程内容，而具体到这个主题下相关联的所有原理、原则或程序，确定出哪一个或几个原理、原则、程序需要在课堂上讲授，重点是讲授原理和原则本身，还是程序的梳理、讲解和练习上。

　　原因之二是出于授课方式的需要。不同类型的内容对学习者的挑战是不同的，培训师的任务是在授课时尽量减少而不是激化挑战，运用适当的教学方法帮助学习者克服这些挑战，让学习者能够真正学会和领悟培训师所讲授的课程内容，汲取培训师的智慧。

讲好原理、原则、程序三类课程

　　说清楚了培训的内容和目的，接下来讨论如何设计教学过程。解决了这个问题，在培训进行时，培训师教起来不费劲，学员学起来容易，能达成事半功倍的教学效果。

　　培训师教起来容易，是指通过对课程内容的编排和组织，设计讲授知识点的方式，让学员参与，使教学过程对老师而言轻松愉快。做到培训师和学习者的能量互相融合和助长，形成合力效果，排除过度依靠老师语言讲解对老师身心的压力。

　　学员学起来容易，一方面指学习者的学习热情，学习者能很自然地被吸引到老师的教学中，不存在勉强和生涩，即"努力要学，却学不进去"。学习者能在课堂上自然主动参与，在课下有实践的意愿。另一方面指学习者的实际学习效果，学习者能真正学懂老师想要传授的内容。学懂、学会了老师所传授的内容是实现唐纳德·L. 柯克帕特里克（Donald L. Kirkpatrick）教授的四阶段模型（Kirkpatrick Model）中第三、第四层学习效果的基础。

　　总结一下，好的授课过程，不会出现学习者"努力要学，却怎么也学不懂"、"努力要听，可听不进去"的情况。学习者能听懂、领会和掌握老师讲授的学习要点。综合起来，好的授课过程应该符合以下 3 个标准：

　　（1）学习者领会了老师讲授的内容。不管老师用什么手法、以什么顺序讲授和呈现，学习者最终对课程内容心领神会，达成了培训目标。如果多数学员对授课内容似懂非懂、模棱两可，那授课是有所欠缺的。

　　（2）学习者能主动参与整个学习过程。受到自身兴趣的牵引，学员自愿、主动、积极地按照培训师的期待参与了培训过程，而不是身在心不在，寡言少语，挨到结束。

　　（3）学习者有意愿对培训内容在课后进行实践。学习者有意愿对课程内容进行实践，哪怕是出于对课程内容正确性和实用性的验证，都说明培训是成功的。

要达成以上 3 个目标，培训师要了解学习者在学习时的常见挑战是什么，进而安排好教学过程，帮助学习者克服这些挑战。

讲好三类课程的挑战

讲好原理、原则、程序三类课程，对培训师存在不同程度的挑战；对学习者学习这三类课程而言，除了培训师逻辑混乱、表达不清等一般干扰因素之外，不同类型的课程内容对学习者而言意味着特殊困难和挑战。

一、原理类课程的挑战

原理部分必然是讲授学习者尚不知道的知识。如果讲授的知识学习者都已经明白，学习者会立即失去学习兴趣。哪个成年人愿意花一天时间重温基础的四则混合运算和汉语拼音？

原理所涉及的知识点必然是新的，是冷冰冰的客观现象和事实，不需要也无法进行感情渲染，不能调动起学习者的浪漫情怀，让其浮想联翩。学习过程中学习者要运用自己的大脑，一步一步跟着培训师弄清楚和记住相应的概念解释、推理过程、参数指标。这需要学习者长时间高度集中注意力，具有较高的逻辑推理和抽象概念能力，对人的记忆力要求也非常高。

因此，当学习者学习原理类型的内容时，常常遇到 3 种情况。一是学不懂。思维能力和逻辑能力跟不上，不明白培训师所讲授的内容。二是太累了。因为要长时间注意力高度集中。三是太枯燥。一个连着一个都是枯燥的事实或者数据，一个环节没听懂，其他都听不懂了。这些挑战对于不擅长抽象思维的学员来说愈加严峻。

根据原理类课程的这些特点，培训师所需要解决的挑战有四个：一是如何让学习者听懂所讲知识；二是如何设计课程节奏，缓解学员长时间保持注意力的挑战；三是当学习者觉得内容枯燥时，如何不影响学习热情；四是通过有效的方法减轻内容的枯燥程度。

二、原则类课程的挑战

与原理类的课程相反，原则类的课程对智力往往不形成挑战：一是因为讲授原则时不涉及大量的科学推导；二是原则产生和应用情景往往都为学习者所熟悉；三是原则本身常让人觉得"似曾相识"。讲授原则类的挑战来源于让学习者觉得这些原则真的实用，是合理的，承认自己以往秉持的原则有待商榷和需要改变。

让学习者诚心诚意地放弃旧观念并接受新观念是不容易的，而与"硬"原理相比，原则显得"软"，让人觉得是"没有用处的大道理"。因此，讲授原则类课程的挑战是让学习者感觉到这些原则"有用"，能解决问题。另外，听懂原则容易，但要将自己的生活与原则联系起来，在自己的生活和工作情景中找到践行原则的点，就更困难了，"太空洞"、"不接地气"成为对原则类课程的另一类诟病。

学习原则时学习者面对的挑战：①不赞同、不认可、不喜欢；②行动指向性差，无法与当前的情景关联，不清楚"做什么"是符合原则的；③不知道如何在课后付诸实践。

上述这些挑战中的任何一个没解决好，都会令学员失去学习积极性，不愿意参与到课程中，培训也收不到应有的效果。

三、程序类课程的挑战

程序兼具原则和原理的特点，一方面是客观的一步一步的行动步骤，另一方面是吸取了当事人的个人经验和偏好。所以对于程序，一方面，要论证每个步骤的合理性，让人们在情感上接受"这是最好的做法"；另一方面，程序中原理的部分，是一定具体情景下的客观现实，这一"具体情景"不但能被学员想象，甚至应是被学员所熟知的。同时，由于程序是一系列的动作，难免琐碎，让人心生厌烦。这些特点造成了讲授程序时让人觉得"太简单"，没有"做梦和想象的空间"。由于学习者多少对程序有些实际经验，有部分人会觉得自己以往的做法也没什么不妥。当学习者试图找相应的例子论证自己的正确性时，他们往往都能如愿以偿，因为程序不同于普遍的原理而是针对于特定情景的真理，情景发生变化，它也随之发生变化，学习者所找到的特殊情景存在例外。

学习程序时学习者面对的挑战：一是记住大量具体行动的琐碎细节；二是认可培训师所提供的程序细节是最佳方法；三是记住程序并能付诸实践并在真实环境中运用。

应对挑战的有用原则

针对以上所描述的各类课程的挑战，培训师该如何设计教学过程，并运用多种手段，让这些挑战不成为学习者学习的障碍呢？

一、应对原理类课程的挑战

本章前面已经做了简单总结，对于以讲授原理为主要内容的课程培训师所需要解决的挑战包括：

（1）让学习者听懂所讲知识；

（2）如何设计课程节奏，缓解学员长时间保持注意力的挑战；

（3）当学习者觉得内容枯燥时，如何不影响学习热情；

（4）通过有效的方法减轻内容的枯燥程度。

以下原则可以有效地解决这些挑战：

（1）加入测试和练习，将所讲的课程内容分段讲解。有条理、分步骤地讲解，讲解完毕后，要对学习者的掌握情况进行测试。掌握了之后再讲新内容，而不是不管学习者的状态一股脑地往前推进。加入测试还可以让学习者体会到成功的喜悦，这在客观上能激发学习热情，对挑战的第2点和第3点都是有帮助的。

（2）除了加入测试和练习，使用"充能器"能有效帮助学员缓解紧张情绪，恢复体能和精力。

（3）将原理和原则搭配起来，让原理为原则服务。原则是"走心"的，让人振奋，如果能在枯燥的事实和数据中加入原则性论断，就会使课程的枯燥性大大降低，同时也能提升学习者的注意力。让原则做"领头将军"，原理作为论证过程，不断地将原理和原则交织进行。

（4）运用形象、直观的演示方法。如果运用语言阐述，运用比喻、比方等语言手段，将枯燥的内容进行生动的表达，这条原则对说明事物的工作原理和事物之间的关系尤其有效。除了语言，可以借助道具或者视觉化手段对枯燥的东西进行再现，比如录像或视频。

二、应对原则类课程的挑战

根据原则类课程的特点，培训师所需要解决的挑战如下：

（1）不赞同、不认可、不喜欢；

（2）行动指向性差，无法和当前的情景关联，不清楚"做什么"符合原则；

（3）不知道如何在课后付诸实践。

以下原则可以有效地解决这些挑战：

（1）出示证据是最常用的论证某原则合理且有用的方法。培训师提供证据的方式可以是展示一系列的原理事实的推导，即在原则下加入原理，笔者通常把这种方法称为"软性课程硬做"。

（2）创造情景让学习者自行体验，凭借其自身感受论证原则的有用性和真实性，比如让学习者参加模拟活动，参加游戏，利用"人不会反对自己的感受"使学习者接受。

（3）准备体现相关原则的实际案例并指导学习者应用。预先准备好体现相关原则的经典案例，让学习者看到这些原则不空洞，和真实的世界发生关联。

（4）启发学习者应用和实践原则的时机及程序。激励学习者实践的决心和勇气，让他们反思何时何地何事可以践行相关原则，具体的做法就是"接地气"。

三、应对程序类课程的挑战

（1）视觉化的讲解和呈现对程序类的学习是很有必要的，既能提供明确的、正确的例子，又大大减少了单纯凭借记忆记住大量琐碎细节的压力。视觉化的手段包括录像、示范、亲自操作等。

（2）"看千遍不如做一遍"，实际的操作和练习对学习程序有很大的帮助。通过练习，程序直接融入学习者的思维模式中，这比努力背诵更能导致实际行为的改变。根据程序的复杂程度设计相应的练习是讲授程序类课程的不二法门。为保证学习者的兴趣以及使学习者能够在真实的环境中应用所学习的程序，培训师在设计练习时可考虑多个场景，将学习者的实际工作场景作为练习的背景，可收到事半功倍的效果。

以上所列举的应对挑战的方法只是为从业者提供了框架性的指引和指导，并不是全部。这些指引和指导揭示了演讲与培训的差异，让我们看到原理、原则、程序在授课效果上的互补性以及测试和设计课堂活动的重要性。

互动型课程设计的六大元素

前文讲述的原理、原则、程序是对授课内容的划分。事实上，除了内容之外，一个培训课程还包含其他要素。这些要素各有特点和功能，发挥不同的作用。培训课程设计是一个系统工程，要对包含内容在内的所有要素进行整合，使所要讲授的内容得到清晰、明确的呈现，又能让学习者参与到培训当中，得到完美的学习体验。

课程设计六大元素

根据所发挥的作用，影响培训效果的因素分为六大元素，这六大元素相互独立，又相互影响，如同一个小型的生态圈。这六大元素是内容、充能器、花絮、参与、反馈、测试。

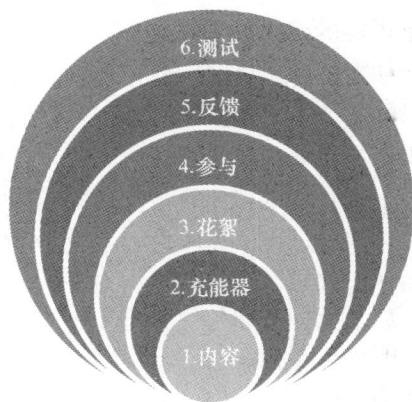

6.测试
5.反馈
4.参与
3.花絮
2.充能器
1.内容

图1 课程设计六大元素

一、内容

内容是"讲什么"。前文已经叙述，所有的内容可以具体划分为原理、原则和程序。内容是课程设计的首要出发点，其他的元素都以此为中心展开并为其服务。

一个课程中应讲授哪些具体的原理、原则或程序？它们之间的逻辑关系和先后次序是什么？哪一个应重点讲？哪一个应一笔带过？这些问题是内容设计部分需要考虑的主要问题，这些问题的答案与预期的培训目标相关。

二、充能器

充能器旨在帮助学习者恢复精力，活跃学习氛围。它可能是一个笑话，一个小的游戏，也可能是一系列运动或活动。充能器会对课程氛围以及学习者的学习状态形成影响，与课程内容无关，去掉这一部分并不影响课程内容的完整性。在一堂培训课程中，它可能会被频繁使用，也可能完全不用。

常见的充能器活动：身体舒展类活动，禅修静坐、冥想，小游戏，说笑话等。一次充能器活动的时间应控制在 10 分钟内。

三、花絮

花絮多用在内容的头尾，以隐喻的方式开启或结束所讲授的内容。花絮与课程内容无直接关系，但删除会影响课程内容呈现时的生动性。花絮常以学习者所熟悉的事物取材，通过花絮隐喻意义上与所讲内容主旨要义相连，以达到吸引注意力、增强记忆力、升华内容的效果。

用作开启的例子，比如老师开始讲时间管理课程之前，先让学员玩一个四人渡河的小游戏，游戏的目的是让学员形成统一认识：做同一件事，不同的人所花时间是不同的。这个认识也是培训师要讲授的时间管理课程的核心观念。

如果不做这个游戏，平铺直叙说出内容主旨，并不影响课程内容在逻辑上的完整性，差别在于生动性和体验过程，体验过程激发出了学习者的好奇心，而好奇心让他们迅速进入主动学习状态。

用作关闭的例子，比如某培训师讲完了 SMART 原则设定目标之后，让学习者用身体摆出 SMART 这五个字母的造型。老师说如果我们身体力行 star 原则，我们会发现 star，自己也会成为 star。

如果不做这个活动，也无损于课程的完整性。但这个活动作为内容的关键升华了主题，激励了学习者实践的勇气，激发了学习者的形象记忆，让学习者对培训的记忆更持久。

常见的花絮手法有小游戏、故事、隐喻图像、提问等。花絮的时间一般不长于 5 分钟，好的花絮应该做到切题，符合逻辑，并且符合听众品位。

四、参与

参与是指学习者除观看、聆听培训师的讲解示范以外，自己动手完成一定的任务，比如完成测试、回答问题、做游戏等。参与让学习者变成了课堂的中心，培训师成为观察者和反馈者。学习者不再局限于耳朵和眼睛这两种感官通道，而是将整个身体都投入学习中，开启多感官、全身心学习模式。

参与方式大多以活动方式体现，包括问答、讨论、游戏、案例分析、角色扮演和真实体验。

（1）问答。老师提问，学员回答，是最容易执行的参与方式。通过问答，培训师和学员都会受到触动，培训师了解学习者目前的情况，学习者借回答问题整合了自我学习认知。问答是一种浅层次的参与和互动，存在于培训师和个体学习者之间。

（2）讨论。讨论让学习者始终处于对问题进行思考和探索的状态中。学习者之间背景和认知的差异，促成了从多角度、多侧面看待讨论问题的局面，促使学习者互相汲取知识，完善自我认知。他们会形成不同观点，又对所形成观点进一步自主探索和归纳，在不知不觉中看到同一问题的多种不同认识和解决方案，敞开了思路。

（3）游戏。游戏也是让学习者参与到培训课程中的一种有效方式。通过参与游戏，学习者亲自经历一个虚拟的场景，体验过程中的种种心理变化，实现感同身受的目的。游戏通常能让学习者的身体参与达到最大化。由于活动身体有助于人们恢复体能和精力，游戏后学习者大多更神采奕奕，这也是充能器很大部分由游戏构成的原因。

（4）案例分析。与单纯的讨论相比，案例分析的目的不是"补足和拼凑"。讨论是"做加法"，案例分析可能是"做减法"，目的是对一个具体情景下的问题产生一个具体的解决方案。它让学习者以旁观者的角度，对案例中所描述的人物行为或事件进行评价并对问题提出解决方案。案例分析所花的时间长，学习者从形成自我意识到表达观点，再到观点比较、辩论和聚拢，一系列的过程让学习者的身心参与和互动达到最大化。

（5）角色扮演（Role Play）。培训师描述一个情景或提供一个情景剧本，学习者在课堂上扮演相应的角色，以切身实践所学习知识点的方式即是角色扮演。与案例和游戏一样，角色扮演也是一种课堂深度参与方式，学员自身要整合学习内容以呈现学习效果，而且还要与其他人进行互动，并随着互动的情形实时回应。

（6）真实体验（Realplay）。真实体验和角色扮演在形式上极为相似，所不同的点在于学习者所扮演的是他们自己，运用所学习到的知识解决自己正面临的问题。

五、反馈

反馈也通常称为"点评"或"点评总结"，就是对学习者的行为表现给予评价。反馈最简单的就是告诉学员他的想法和做法"是对还是错"、"哪里对哪里错"。对于那些不能用对错衡量的问题，反馈的代表行动是说明学员的想法和做法"是优还是劣"，或者是否符合培训师所讲的知识点。

参与与反馈相连，互为条件和因果，参与和反馈的目的是促使学习者自我察觉和反省。无论哪一种参与形式，必然会让学习者的内心产生触动、感想和看法。培训师注意到学习者的变化，运用反馈，一方面让学习者觉察到自己不曾注意的方面和忽视的问题，另一方面在反馈中将学习者的内心有所触动的部分显性化和再提升，以引导学习者走向更高的认知境界。

培训师的反馈一方面是直接的点评，另一方面是通过提问和引导。提问和引导的套路属于课程的演绎部分，在以后的章节再详细讨论具体模型。这里大家先对此部分的功能有基本概念。

六、测试

测试是检验学习效果的环节，有两层含义：学习者尝试用所学到的东西解决问题，检测学习者对所讲授内容的理解程度。测试能帮助老师和学生明确现在的学习位置，并计划下一步该如何前行。

测试通常有5种形式，分别是练习、案例分析、角色扮演、讨论和游戏。

（1）练习。最简单的练习形式就是提问，培训师可随时随地通过提问了解学员是否掌握了所讲授的知识点，是否理解正确。如果把提问书面化，就是练习，也有人称为"测试"（Quiz）。每个人对这一练习形式都不陌生，小学到大学，无论哪一门学科，每个人都做过大量的练习，期中、期末考试，就是这种练习形式的代表。练习是用来检测原理掌握程度的最恰当、最直接的方式。

（2）案例分析。我们在参与环节讨论过什么是案例分析。案例分析也是一种有效的检测手法，案例分析通过让学习者构思问题的解决方案，可检查学习者在认知和应用层面是否掌握了所讲授的原理、原则。案例分析的答案没有对错之分，但有优劣之分，其评判点是学习者所构思的答案是否符合培训师讲授的原则。

（3）角色扮演。作为一种检测方式被普遍使用，角色扮演与案例分析不同，它检测的是学习者能否"做"出来。因此，案例扮演通常用于检测学习者能否正确地掌握"程序"，能否运用"程序"。

（4）讨论。参见前文"参与"中的"讨论"。

（5）游戏。游戏测试的是原则和程序的掌握及应用。秉持不同的原则会让学习者在做同一个游戏时有不同的表现。运用游戏中的表现反推学习者所秉持的观念，进而总结归纳，就是游戏的隐喻性。

再说六大元素

在课程设计六大元素中，参与、反思、测试常常连在一起，密不可分，因此参与的手法也是测试的手法，尽管这些手法在用作参与和检测时的侧重点略有不同，但运用同一种手法实现3个目的是常见的情形。所谓测试即参与，参与即测试，这也是为什么测试的手法也是参与的手法。

在参与和测试的手法中，许多人无法厘清角色扮演和游戏的区别，因为两者大多都涉及肢体的活动，在某些时候，角色扮演会让人觉得是在玩游戏。它们的区别如下。

场景性质不同：角色扮演所给予的场景往往是和学习者日后运用所学知识的场景差别不大，而游戏的场景和规则则一定是虚拟的、象征性的。举例说，学习完处理客户投诉的知识，要求学习者一位扮演客户，另一位扮演处理客户投诉的人，扮演处理客户投诉的人要用刚刚学到的技巧解决当前设定的问题情景，这就是角色扮演。而游戏则不然，讲授了"合作有利于双赢"的理念之后，让学员玩一个掰手腕的游戏，赢的人有奖励。让参与者体会以上理念，但以后学习者极不容易参与掰手腕，掰手腕比赛只是一个有关"合作"的隐喻载体，不会在现实的生活中发生。也正因为游戏超越了日常的工作场景，学习者会觉得游戏过程好玩又有趣。

训练目的不同：角色扮演主要用于检测学习者有没有能力用正确的行为体现出所学习到的知识，多用于检测"程序"的掌握程度；而游戏则多用于检测学习者的观念和态度，诉诸感受。

六大元素当中，最重要的还是内容。或者说，内容之外的五大元素都是为内容服务的，五大元素都是对内容这一大元素的活化。内容是贯穿六大元素的灵魂。

作为培训师，可运用这六大元素作为教材设计时的指针和标尺，对所设计内容进行检测和评估，以达到所设计的教材深入浅出，兼顾内容的专业深度和教学方法的互动性。

样　本

一、游戏样本

先来看下面的算术测试试题。在题目中，只包括加减乘除 4 种运算，非常简单。加号的意思是乘，除号的意思是加，减号的意思是除，乘号的意思是减。请按此规则，算出以下各题的答案。如表 1 所示。

表 1　算术测试试题

8 + 2 =	14 − 7 =
9 + 11 =	6 × 5 =
4 × 3 =	8 + 3 =
6 ÷ 2 =	7 × 2 =
9 × 3 =	9 + 2 =
7 × 4 =	8 − 4 =
4 + 4 =	9 + 6 =
8 − 4 =	1 ÷ 1 =
12 × 2 =	8 × 7 =
20 − 10 =	13 − 1 =
9 − 1 =	16 − 4 =
5 + 6 =	8 × 2 =
2 × 1 =	9 ÷ 9 =
10 − 5 =	6 × 2 =
12 + 2 =	8 + 4 =
6 ÷ 6 =	10 − 2 =
8 + 5 =	4 − 1 =

二、角色扮演样本

角色扮演样本这里有两个：角色扮演样本一和角色扮演样本二。

角色扮演样本一中有如下三个角色。

第一个角色：

你扮演的销售人员角色是福得电器公司的销售代表麦克。

你的伙伴扮演的角色是湖北路路达洋行家电采购部主任珍妮。

在旁边进行观察的第三方是观察员。

福得电器公司是世界上最大的小家电制造商，在全球有广泛的品牌知名度。但去年刚刚进入中国市场。目前在中国有两个生产工厂，主要生产电熨斗、电饭煲等小家电。在中国市场上的主要竞争对手是美丽华公司，一家中国国有大型企业，其产品线及销售模式与福得公司基本相同。

路路达公司是一家大型洋行，在湖北地区具有每年 2 亿元的分销实力，仅次于安发公司，安发公司的年销售额达 2.5 亿元。

关于你们这次会面的基本信息：这次会面是你和珍妮的第一次会面。对于这次会面，你事先已经和她通过电话预约。

你的任务：按照销售开场白的要求，20 分钟内设计并说出你的开场白。如果你的开场白没有被客户接受，唯一的原因是你没有遵守课程所要求的有关开场白的全部或某一个步骤。开场白被接受，说明你的任务已经完成，你不必进入具体洽谈生意阶段。

你的权利：你可以在表演中途稍微停顿，以整理思路。观察员会根据你练习的状况，给予你必要的协助，因此他很可能会中途打断你和客户的谈话；你也可以随时中断谈话，向观察员询问有关技巧练习的信息或进行某项技巧的求助。你可以自由设计开场白目标，但必须按照开场白的步骤进行阐述。

你的义务：成为剧本中的角色，设身处地按照角色的要求表现行为。你的目的是练习技巧，必须按照技巧模式练习，绝对不能使用与技巧模式无关的方式达成目标。

销售代表和客户见面的 10 分钟内，运用开场白的技巧形成有利于洽谈生意的氛围，开场白的具体步骤如下：总结说明拜访目的；阐述拜访利益；陈述拜访要点；询问是否接受；阅读客户资料。

第二个角色：

你扮演的角色是湖北路路达洋行家电采购部主任珍妮。

你的伙伴扮演的角色是福得电器公司的销售代表麦克。

在旁边进行观察的第三方是观察员。

路路达公司是一家大型洋行，在湖北地区有每年 2 亿元的分销实力，仅次于年销售 2.5 亿元的安发公司。你的分销网络可以覆盖湖北省 1/3 的重要百货店、中型超市以及便民店。你为此深感自豪。

据你获得的信息，福得电器公司是世界上最大的小家电制造商，最近刚刚进入中国市场。你目前正在经营福得的竞争对手美丽华公司的产品，美丽华是一家国有大型企业。

关于你们这次会面的基本信息是：这次会面是你和麦克的第一次会面。你估计这次会面可能是有价值的，因此在电话中同意了他的面谈要求。

你的任务：配合销售人员练习开场白的技巧。销售人员将在 20 分钟内向你阐述他有关此次拜访的开场白。如果你发现他的开场白没有遵守课程要求的所有步骤或某一步骤，不论他说什么，你都说："我没有兴趣。"如果销售代表所做的开场白完全遵守课程标准，则你必须接受他的开场白。你不必和销售代表进入具体洽谈生意阶段。

你的权利：你可以在表演中途稍微停顿，以整理思路。观察员会根据你练习的状况，给予你必要的协助，因此他很可能会中途打断你和销售代表的谈话；你也可以随时中断谈话，向观察员询问或求助有关技巧练习的信息。如有必要，你可以假设与案例吻合的一些细节，不必拘泥于与技巧练习无关的细节。

你的义务：成为剧本中的角色，设身处地按照角色的要求表现行为；你的行为是销售人员判断自己是否进行了正确行为的信号，因此，如果销售人员使用与技巧模式无关的方式对达成目标进行尝试，你一定要说"不，不行"或"我没兴趣"之类的话拒绝他。

销售代表和客户见面的 10 分钟内，运用开场白的技巧形成有利于洽谈生意的氛围，具体步骤如下：总结说明拜访目的；阐述拜访利益；陈述拜访要点；询问是否接受；观察员资料。

第三个角色：

你扮演的角色是观察员。

你的伙伴扮演的角色分别是福得电器公司的销售代表麦克和湖北路路达洋行家电采购部主任珍妮。

路路达公司是一家大型洋行，在湖北地区有每年 2 亿元的分销实力，仅次于年销售 2.5 亿元的安发公司。分销网络可以覆盖湖北省 1/3 的重要百货店、中型超市以及便民店。

福得电器公司是世界上最大的小家电制造商，在全球有广泛的品牌知名度。但在去年刚刚进入中国市场。目前在中国有两个生产工厂，主要生产电熨斗、电饭煲等小家电。在中国市场上的主要竞争对手是美丽华公司，一家中国国有大型企业，其产品线及销售模式与福得公司基本相同。

关于这次会面的基本信息是：这次会面是珍妮和麦克的第一次会面。他们事先通过了电话预约。

你的任务：配合销售人员练习开场白的技巧。销售人员将在 20 分钟内向客户阐述他有关此次拜访的开场白。具体来说，你需要做以下工作：

（1）对整个角色扮演过程进行监督和指导，填写《观察表》。如果销售代表没有按照开场白的步骤阐述开场白，而客户接受了，你要制止，告诉客户他应该说"没兴趣"；如果销售代表按照开场白的步骤正确地阐述了开场白，而客户没有接受，你要制止，告诉客户应该接受；如果客户一次说出了太多的资料或不给销售代表机会，你要帮助他弄明白该怎么做；如果销售代表或客户向你寻求帮助，你可以协助。

（2）角色扮演结束后，提供你的反馈。询问销售代表和客户他们自己的感受，请他们做自我总结。如果必要，围绕以下问题提供你的反馈：销售代表哪些技巧及话语实例完全符合课程标准；销售代表忽略哪些技巧或者步骤，或者哪些技巧或步骤运用得不正确。

你的权利：只有你可以任意看演员资料，但他们不能看你的资料或互相看对方的资料；你可以中途打断演员的谈话，对其中任何一方进行指导。

任何人可以假设与案例吻合的细节，不必在与技巧练习无关的细节上浪费时间。

角色扮演样本二中有两个角色。

卖方代表角色：

这是一项个人练习，不可与同一卖方小组中的人进行讨论，否则，练习就有"副作用"了。然后，在提供的资料的基础上设定三个目标，可分为乐观的、现实的和不容乐观的。在设定目标的同时，制定一些适当的设想。

信息资料：3 年前，你向一个客户（LOBSTER 工程公司）出售了 10 台 XC－950 电脑。机器的工作状态良好。客户已通过程序把这些电脑连入网络中。你还有 1 台剩余的电脑。

3 年前此型号的电脑价格为 9500 美元。新的型号已经问世，售价 6500 美元。但由于机器内部硬件和一些软件程序的问题，新型号无法同旧型号相比。你知道如使用新型号或许整个系统会崩溃，新型号同旧机器的连接也会出现问题。

你刚收到政府部门的通知不得出售旧的 XC－950，除非有安全装置 XJ－345 配套出售。但是，XC－950 的母板中无法插入 XJ－345 卡，因此，XC－950 不能出售。你急于想知道能否在几天后新的法律政策实施前，把 XC－950 卖出去。与合作者、买方讨论，写下你们讨论的结果。

买方代表角色：

这是一项个人练习，不可与同一买方小组中的人进行讨论，否则，练习就有"副作用"了。然后，在提供的资料的基础上设定三个目标，可分为乐观的、现实的和不容乐观的。在设定目标的同时，制定一些适当的设想。

3 年前，你购买了 10 台 XC - 950 电脑。机器的工作状态良好。你的公司（LOBSTER 工程公司）已通过程序把这些电脑连入网络中。新的执行董事想要 1 台 XC - 950 电脑。

3 年前，此型号的电脑价格为 9500 美元。新的型号已经问世，售价仅仅为 6500 美元。但由于机器内部硬件和一些软件程序的问题，新型号无法同旧型号相比。你知道如使用新型号或许整个系统会崩溃，新型号同旧机器的连接也会出现问题。你不知道供应厂家（JCN）十分明白这种相容性的问题。你急于想知道市场上是否还有 XC - 950 供应。

三、案例样本

案例样本有两个：紧急订单项目和要不要留下他。

案例样本一：紧急订单项目。

公司计划在 8 月的一个双休日组织业余的羽毛球比赛，以促进团队建设，鼓舞员工士气。公司管理层鼓励有特长的员工参加，团队成员们都欢迎其他员工到场加油。然而，就在月初，生产部门突然接到一张紧急订单。根据计划排程，这张订单要加班 5 天才能完成。第五天和公司原定的羽毛球比赛直接冲突，原定生产部门能参加比赛的员工可能不能参与比赛了，到场支援和加油的其他成员也不能离岗。这些员工纷纷抱怨，并想办法说服他们的主管赵线长，多名员工因练习而影响到紧急情况下的排班。赵线长异常恼怒，为确保按期完成大单，他召开紧急会议，在会上强调产量第一、进度第一，不准私自调班换班，因任何原因导致产量及进度延后的小组全体成员取消当月绩效奖。生产部门的两名员工不能到场参加比赛。

问题：你认为赵线长的做法对不对？如果你在赵线长的位置，你会怎么做？

案例样本二：要不要留下他。

老张是公司里工作时间最长的员工，从这家美国快速移动消费品公司在中国设立办事处开始，他就在这里工作。他学历不高，只是高中毕业，因此他的第一份工作是给中国的 VP 做司机。工作 3 年之后，一个偶然的机会让他成为公司的销售人员，没想到，他在新的工作岗位上取得了骄人的业绩。自从他成为销售员开始，他就是公司业绩最好的销售人员，每年都是第一。到了去年，他的成绩简直让其他的销售团队成员感到难堪，因为他一个人所做的销量是其他 5 个销售员所做的销量的总和。而且这并不是因为他的销售区域较他人更好，相反，公司总是让他开拓新的市场，或者让他去做那些别人无法做出成绩的地方，无论怎样的市场情况，半年之后他总能够交出一份漂亮的答卷。

但是在他担任销售人员的近 8 年时间里，他没有得到过任何的提升。一方面是由于他年龄大，现在已经超过 48 岁；另一方面是他的学历和外语水平低，他无法和负责业务的外籍总经理进行交流。因此，他一直都作为普通销售人员在公司工作，多次获得最佳销售员的称号。对此，他也比较认命，没有表现出什么不满，因为和他同时加入公司的司机，现在还是司机，无论是薪水还是名誉，都远远不能和他相比。

但最近他却正打算离职，经过了解，有两点原因：

一是最近公司提升了一位非常年轻的从美国留学回来的 MBA 做他的经理。老张说和经理的合作很不舒服。例如，这位经理每次开会都要求他的团队必须用英语做演讲，理由是锻炼他们的能力，这一点让老张十分反感，因为他觉得是在浪费时间。另外一件事情是经理让他开拓江西市场，但是半年之后，经理把已经做起来的江西市场划归另一个叫马林的销售人员管理，人们都传说马林即将被提升为销售主管。

二是老张没有拿到今年的最佳员工奖，没有享受到在公司组织的新年晚会上上台领奖的荣誉，而这项殊荣被授予了马林。

问题：如果你是老张经理的上司，你会不会挽留老张？你会做什么？

MJ 课程设计模型

读完了上一章节，某些读者已经形成了自己的教材设计思路。基于自身认识和授课实践，笔者总结了一套课程设计模型，命名为 MJ 课程设计模型。之所以冠以"MJ"的名称，是因为笔者是迈克尔·杰克逊的粉丝，借此向他致敬。迈克尔·杰克逊所发行的每张专辑，都力求专辑中的每一首歌都是精品，而不是只将主打歌曲锤炼成精品之作。笔者以他的名字命名此课程，同时也想鼓励自己能像他一样，所设计的每一堂培训课程都是高质量的精品之作，而不是潦草攒出的课程。笔者开设的培训课程，也因此叫 MJ Train – The – Trainer，简称 MJ TTT。

设计这套课程架构模型的目的，是帮助各位培训师用这种结构化的方式组织教学材料，在短时间内，所设计的作品能够兼顾生动、形象、互动等要素，满足"好的讲授过程"和"好的学习过程"的需要，而无须通过揣摩课程六大要素的特点自行摸索拼凑。如果培训师时间充分，且很有钻研的兴趣，也可以不必参照这些模型，而是深入了解课程六大要素，按照每个要素的特点和自己的授课目的进行自由搭配。

这套模型以时间轴展开，将整个课程划分为开场、主体和结尾三大部分，研究做好每一个部分应具有的所有核心要素，将其以模型的方式固化下来，从而产生了开场 OPEN 模型、主体 ESTF 模型和 4T 模型，以及 FREE 结尾模型。同时，对课堂活动进行专门研究，总结出了练习设计模型和角色扮演模型。

模型化的目的是方便培训师快速设计，大家可尝试将自己准备的课程资料放入这些模型中，或者按照模型所提供的步骤组织资料，看效果如何。

开场 OPEN 模型

这里所说的开场并不是上一章所说的导入，而是以时间轴展开，在每一堂培训课程开始，培训师做完自我介绍和相关行政后勤信息之后，正式讲授课程的核心内容之前的连接性内容。开头部分会对整个培训内容进行提纲挈领的概括，说明课程对学员的意义，以让每个学习者心中有数，是培训师激发学习者学习热情的开始。

与写文章一样，一个好的教材的开头，应该是"凤头"，其作用如下：一是吸引学习者的注意力；二是让学习者对课程内容及安排有整体了解；三是让学习者了解课程在哪些方面能满足自己的需要，帮助自己解决什么问题；四是对开始学习充满期待。

要实现以上目的，"凤头"应包含四部分：阐明主题（Point）；激发兴趣（Engagement）；可得利益（Needs Pay – Off）；内容概览（Overview）。为方便记忆，我们称其为 OPEN 式的开头。以下举例说明。

阐明主题（Point），即明确课程的主题，简明扼要。例子："我讲的主题是销售技巧"；"我今天和大家分享如何做好客户服务"；"欢迎参加项目管理培训"。

激发兴趣（Engagement）。笔者称这个环节为"花絮"，是在讲授核心内容之前，将整个课程内容的主旨要义浓缩成一两句话，再运用隐喻的方式折射到另一事物上，让学员受到冲击和震撼，同时调动出他们的好奇心，产生想听连接隐喻的真正课程内容的期待。这一步骤也被称作"建立连接"或者"学员激励"。被充分激励的学习者会主动学习，调动起自己的好奇心，展开自己想象的翅膀，踏上生机勃勃的自觉学习之旅。培训师会明显地感觉到课堂中学习者散发出的学习能量"浓得化不开"。

激发兴趣的手段和手法是前一章节所说的导入的手段和手法，在此不再赘述，重点说明一下成功的 4 个标准：切题、符合逻辑、陈述利益和说明概览。

切题的意思是花絮所透露出来的隐喻含义要和培训师所讲授课程的主旨要义一脉相承，要"切题"。比如某培训师讲授《商业竞争分析》课程。开篇想和大家说他的观点："如果运用不好，强大的先天优势反而会招致失败。"在表达这个意思之前，他先讲了"龟兔赛跑"的寓言，因为这个寓言的核心主旨也可以概括为：如果运用不好，强大的先天优势反而会招致失败。

符合逻辑是指花絮本身要符合逻辑，不能让人觉得站不住脚。例子：某位老师讲了一个故事作为花絮说明"不能以貌取人"。他讲的故事是这样的——

多年前美国哈佛大学的校长因自己的错误致使哈佛大学失去了一次难得的发展机遇，却导致了斯坦福大学的诞生。

据说，一对老夫妇没有事先预约，就直接走到哈佛大学接待处要求会见哈佛大学校长。他们其貌不扬且穿着异常朴素。

接待他们的校长秘书根据他们的衣着外貌断定他们不是什么重要人物。因此很冷淡地对他们说："校长整天都很忙，今天的日程都排满了。"

女士回答说："没关系，我们可以等。"

尽管受到冷落，几个小时过去，这对老夫妇依旧没有走的意思。秘书终于决定通知校长："也许他们跟您讲几句话就会走开。"校长不耐烦地同意了。

"有什么可以帮你们?"校长问。

女士说："我们有一个儿子曾经在哈佛读过一年书，他喜欢哈佛，在这里生活愉快。可他去年因车祸身亡了。我丈夫和我想在校园里为他留下一个纪念物。"

校长并没有被感动，反而觉得可笑："夫人，我们不能为每一位曾读过哈佛而后来死亡的人建立遗像的。如果我们这样做，我们的校园早就变成墓园了!"

女士说："我们不是要树立一座遗像雕塑，而是想捐一栋以他的名字命名的大楼给哈佛。"

校长再次审视了一下老夫妇身上穿的廉价的条纹棉布衣服及西装，说："你们知道建一栋大楼要花多少钱吗? 至少要超过 750 万美元。"

这时，那位女士沉默了。

过了一会儿，女士转向她的丈夫说："建一所大楼只要 750 万美元，为什么我们不建一所大学来纪念我们的儿子?"

就这样，这对老夫妇离开了哈佛来到加州，成立了斯坦福大学（Standford University）。这对老夫妇就是斯坦福夫妇（Mr. Standford and Mrs. ）。

用这个故事说明"不能以貌取人"是切题的，但不管听众是否真知道斯坦福大学的由来，仅仅从常识上判断，这个故事本身有多处禁不住推敲、不符合情理的地方。比如，哈佛大学的校长不该会只关心金钱，也不大可能仅凭对方的衣着判断对方的身份和经济实力。

不符合逻辑的花絮可能会起到相反的效果，不能取信于听众，让听众对培训师的能力和可信度产生怀疑，甚至还会导致挑战和质疑。

成功的花絮设计还必须符合听众的背景和品位，否则无法激起共鸣。例如，还是龟兔赛跑的例子，有些听众没有共鸣，为什么? 或许是因为缺乏新意，也或许是许多听众觉得太过幼稚。换成某知名企业由于故步自封导致了在竞争中落败，揭示的是同一个道理，但可能更容易得到资深管理者听众的认同。

可得利益（Needs Pay - Off），即说明培训内容对学员有什么利益，这堂课程对他们有什么好处。培训师常认为不需要说明这一点，但明确的利益描述能进一步激发和强化学习热情。陈述利益可以从知识结构、解决问题、物质收益等着眼点进行构思。比如："你会了解 6Sigma 是什么以及怎么应用"；"你会轻松解决客户所提出的挑战问题"；"你能更自信地和低绩效员工面谈"；"你能通过晋级水平测试"。

成年人都是带着问题到课堂中的，解决问题是许多人学习的原动力。因此围绕问题阐明利益会帮助学员迅速找到自己的学习位置，朝向自己的学习目标进发。

内容概览（Overview）。概览是实现课程目标的必经历程，也是课程的主要构成部分以及先后次序，如同一本书的目录页。培训师简要说明课程概览，概览中每部分内容大致花多少时间，都会产生意想不到的正面效果。学员会自觉对照自己的学习目标，配合培训师的授课节奏进行学习，内心产生安全感和掌控感。相反，缺乏概览描述会让学员产生不安和疑问，而这种不安和疑问可能会一直持续到课程结束，或者培训师进行说明为止。

比如："课程分为 3 个部分，分别是概念、应用和案例"；"我重点会讲两个问题，一是绩效管理的程序，二是公司对经理在绩效管理上的要求"；"课程由 4 个部分构成，分别是影响力的重要性、影响力的地位分析、影响力的来源和影响力的应用环境"。

培训师需要在课堂上对概览进行语言阐述，因此概览的内容条目应在 5 条之内。太多条目的概览会让学员失去焦点，不利记忆。如果概览内容条目较多，就需要对这些内容进一步概括和提炼，等讲到某一条时，再使用次级层次的概览。

举例来说。改善前，一是 BPI 的概念，二是 BPI 的起源，三是 BPI 的目的，四是 BPI 系统的工具，五是 BPI 改善活动完成后的检查要点，六是 BPI 的作用和原则，七是进行 BPI 改善活动的步骤，八是推行 BPI 的典范做法和成功因素。

以上概览的例子中，8 条内容显然过长。应在更高的层面上再总结归纳。改善后是这样的：第一，BPI 概论；第二，BPI 改善活动步骤；第三，推行 BPI 的典范做法和成功因素。

从记忆角度看，3 条自然比 8 条容易记住。简化的过程是一个逻辑整理、概括、总结的过程。既对课程内容内在的逻辑进行了重新的梳理，也在更高层次上对其进行了简化和概括。简化和概括减少了内容条目，但所谈内容未有疏漏。

OPEN 例子是这样的："今天给大家讲授问题的分析与解决"；"下面先来看一幅图片，大家说这位男士需要什么"。

学完本课程之后，在解决问题时不会或减少以上的问题。具体说，你会了解：第一，系统化地解决问题；第二，彻底解决问题，同一问题不重复出现；第三，提升解决问题的效率。本课程分为 3 个部分，一是 8D 的沿革，二是 8D 的详解，三是 8D 的应用。

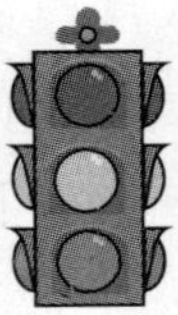

图 1　Visual Management 目视管理

RRRRRRRRRRRRRRRRRRRRRRRRRRRRRRRR

RRRRRRRRRRRBRRRRRRRRRRRRRRRRRRRR

RRRRRRRRRRRRRRRRRRRRRRRRRRRRRRRR

RRRRRRRRRRRRRRRRRRRRRRRRRRRRRRRR

RRRRRRRRRRBRRRRRRRRRRRRRRRRRRRRR

RRRRRRRRRRRRRRRRRRRRRRRRRRRRRRRR

图 2　请找出字母 B

IIIIIIIIIIIIIIIIIIIIIIIIIIIIIIIIIIIIIIIIIIIIIIIIIII

IIIIIIIIIIIIIIIIIIIIIIIIIIIIIIIIIIIIIIIIIIIIIIIIIII

IIIIIIIIIIIIIIIIIIIIIIIIIIIIIIIIIIIIIIIIIIIIIIIIIII

IIIIIIIIIIIIIIIIIIIIIIIIIIIIIIIIIIIIIIIIIIIIIIIIIII

IIIIIIIIIIIIIIIIIIIIIIIIIIIIIIIIIIIIIIIIIIIIIIIIIII

IIIIIIIIIIIIIIIIIIIIIIIIIIIIIIIIIIIIIIIIIIIIII1IIII

IIIIIIIIIIIIIIIIIIIIIIIIIIIIIIIIIIIIIIIIIIIIIIIIIII

IIIIIIIIIIIIIIIIIIIIIIIIIIIIIIIIIIIIIIIIIIIIIIIIIII

图 3　请找出数字 1

MMMMMMMMMMMM
MMMMMMMMMMMM
MMMMMMMMMMMM
MMMMMMMNMMMM
MMMMMMMMMMMM
MMMMMMMMMMMM
MMMMMMMMMMMM

图 4　请找出字母 N

RRRRRRRRRRRRRRRRRRRRRRRRRRRRRRR
RRRRRRRRRRRRBRRRRRRRRRRRRRRRRRRRR
RRRRRRRRRRRRRRRRRRRRRRRRRRRRRRRR
RRRRRRRRRRRRRRRRRRRRRRRRRRRRRRRR
RRRRRRRRRRRBRRRRRRRRRRRRRRRRRRRR
RRRRRRRRRRRRRRRRRRRRRRRRRRRRRRRR

图 5　请找出 2 个字母 B

IIIIIIIIIIIIIIIIIIIIIIIIIIIIIIIIIIIIIIIII
IIIIIIIIIIIIIIIIIIIIIIIIIIIIIIIIIIIIIIIII
IIIIIIIIIIIIIIIIIIIIIIIIIIIIIIIIIIIIIIIII
IIIIIIIIIIIIIIIIIIIIIIIIIIIIIIIIIIIIIIIII
IIIIIIIIIIIIIIIIIIIIIIIIIIIIIIIIIIIIIIIII
IIIIIIIIIIIIIIIIIIIIIIIIIIIIIIIIIIIII①IIII
IIIIIIIIIIIIIIIIIIIIIIIIIIIIIIIIIIIIIIIII
IIIIIIIIIIIIIIIIIIIIIIIIIIIIIIIIIIIIIIIII

图 6　请找出数字 1

MMMMMMMMMMMM

MMMMMMMMMMMM

MMMMMMMMMMMM

⬇

MMMMMMMMNMMMMM

MMMMMMMMMMMM

MMMMMMMMMMMM

MMMMMMMMMMMM

图 7　请找出字母 N

1. **什么是目视管理**
2. **目视管理的应用**
3. **目视管理的成功案例分享**

图 8　主要内容

- **掌握目视管理的理论体系框架和工具**
- **讨论实践应用，塑造"一目了然"的工作场所**
- **了解同行业成功案例，提升问题解决能力**

图 9　课程收获

主体 ESTF 模型

　　主体是教材去掉头尾之后的主要内容，主体部分包含了所有的知识点，每个知识点都应得到讲解和阐述，是学习的核心部分。

　　ESTF 模型融合了课程设计和课程演绎双方面的因素，比如 E（讲解）的生动性和 F（反馈与反思）更多与授课现场的语言表达相关，是课程演绎的艺术。

之所以纳入此书，一是因为课程设计和课程的现场演绎联系紧密，很难绝对区分；二是课程设计阶段要预先设计演绎中的讲解和反馈的顺序及套路，如不预先精心设计，一切交与课堂即兴发挥，对培训师的挑战十分巨大。

要想让学习者真正掌握所学习的内容，领会其中要义，通常应将课程核心内容划分成若干部分，对每个部分都按照 ESTF 的方式组织材料。ESTF 实际上是 4 个步骤提炼的首字母缩写：讲解、展示、活动、反馈和反思。

第一，讲解（Explain）。

培训师用语言对课程内容进行诠释和描述，把自己对相关知识点的理解传达给学员，学员根据听到的信息学习领悟。

以前的章节已经多处论述，培训师讲解的内容和对象无非有原理、原则、程序 3 类。现在讨论的问题是这 3 类内容在讲解这一环节，以一种什么样的顺序被阐述，或者说该如何讲、虽有例外，但培训师大多遵循着"什么"（What）、"为什么"（Why）、"怎么用"（How）的顺序讲解说明每一个知识点。"什么"，是要讲解的知识点，包括解释这个知识点相关的概念和定义，与其他知识点的区别；"为什么"，是说明为什么要讲这个知识点，对大家有什么价值，学会以后有什么好处；"怎么用"，说明在什么环境和条件下使用这个知识点，具体如何操作，需要什么行动。

好的讲解首先要做到准确、有条理，然后尽可能做到形象生动。具体说，要做到以下两点：

一是准确、有条理地进行讲解。准确是指措辞能准确表达事物的特征及说话者的思想感情。语言的灵魂在于用词准确，托尔斯泰有句名言："世界上任何人或事都有一个名字，而且只有一个。"严谨语言的体现是在使用中不允许既可以用这个词，又可以用与之相当的那个词。要做到这一点，我们要注意词语本意，近义词、情感取向。如"随着社会的发展，终身教育越来越引起人们的关注"这句话中，如果把"关注"变成"重视"，语意上是通顺的，但却不如"关注"更贴切；而如果把"关注"改为"关心"，语意就更勉强，"关心"含有人的感情在里面，而原句没有感情成分，用"关心"就不准确。

而有条理的意思就是脉络、层次、秩序。也就是说，把要讲的内容先划分成几个大的层级，每个层级在逻辑上的地位是一样的，我们用 A、B、C 表示；然后再安排讲解的次序，先讲哪一个，再讲哪一个。等讲到一个具体的层级，再把这个层级的内容划分成更次一级的多个层级，然后再确定讲解的次序；我们说 A 又分成 * 、@ 、~ ，B 又分成 * 、# 、@ 。每个次序之间用序列化的语言相连接。

有条理是按照以上原则进行讲解，而没有条理则是出现了逻辑上不等同的层级的混淆。比如我们讲解时，没有序列的语言是混乱的，如"我们的内容有 A，

＊、@、B、＊、C"。相比之下，有序列语言是这样的："我们的内容分成了 A、B、C 三部分，先讲 A，A 分成了 ＊、@、～。"但实际上，真正讲的次序和序列语言不符合，而是讲的"A，＊、B、@、B、＊、#"。

二是生动形象地进行讲解。做到了条理和逻辑顺畅，就要进一步追求生动形象。要想做到生动形象，可尝试两种方式：场景化和修辞。场景化即把所讲授的东西变成一个栩栩如生的场景，让人如在眼前。场景化的具体手段包括细节、具体、例子和修辞。

细节是交代出有关事物具体的物理性状的细节，如颜色、大小、形状、感受等。"有细才有戏"，有了细节，才有可能动人。看下面的例子。

无细节：她是忍着脚痛去见客户的。

有细节：她去见客户的时候，脚被磨出了水泡，每走一步都钻心地疼。

具体的意思是用具体的数字或量化的工具来代替形容词，让人觉得一目了然。看下面的例子。

不具体：他提的改善建议对公司业务发展贡献很大。

具体：他提的改善建议让公司就原材料一项每年省下了 200 万元的费用。

例子是培训师最常用的生动形象的表达方式，也就是通常人们常说的"举例说明"。看下面的例子。

无例子：电商特别赚钱，对传统渠道挑战很大。

有例子：电商特别赚钱，对传统渠道挑战很大。举个例子来说，阿里巴巴 2015 年"双十一"的销售额达到 917 亿元，是王府井百货全年销售额的 2 倍。面对电商的疯狂冲击，很多实体店都撑不下去了，连恒隆广场都关了两家门店。

故事与例子相比，能提供更明确的时间、地点和情节，从而更加具体、真实和可信。看下面的例子。

电商赚钱到什么程度，我给你讲个故事。我有一个朋友，三年前公司的收入规模也就是在一年 50 万元，去年做了电商，结果销售额翻了 4 倍，去年他们向政府购买了 70 亩土地，建了工厂……

修辞，利用多种语言手段以收到尽可能好的表达效果的一种语言活动。说话如同写文章，要想出彩，可以适当地运用一些修辞手法。在培训课程当中，最常用的修辞手法包括比喻、对比、排比、引用，也会用到拟人等。比如下面这些例子。

比喻：天猫 1 小时卖出去 160 万件文胸，堆起来有 3 个珠穆朗玛峰的高度。

对比：阿里巴巴"双十一"的交易额突破 300 亿元，是王府井百货今年第一至第三季度销售额的 2 倍多，是沃尔玛超市中国店面去年一年的销售额的一半。

排比：如果电商生意不好，那没有什么生意好了；如果电商生意不好，那传统渠道就算死了；如果电商生意不好，那就没法继续讨论了！

引用：马云说……

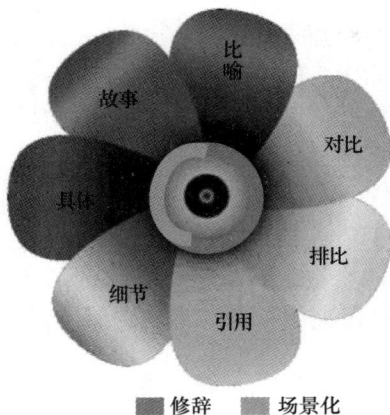

图 10　SR 有力演讲模型

第二，展示（Show）。

在前面的章节中提到视觉化，但没有说在何时运用视觉化。展示即前面所说的视觉化的具体表现。视觉化的效果毋庸论证，所谓"听千遍不如看一遍"。视觉呈现对于原理和程序尤为重要，若不借助于图像和示范，仅通过聆听理解原理中常见的数据和程序中的数十个细节十分困难，对记忆力的要求非常高。

给出所要表达要点的具体例子，将这些例子做成投影片放映出来，是最基础和常见的展示形式，其他根据情况不同，做成视频、现场示范、模拟等也是常见情况。直接展示实实在在的具体实物也能增强感染力。

视频是预先选取能体现所讲要点的例子或者故事，拍摄成教学片，在课堂上使用。视频的好处是没有意外，所选视频的内容必然是能准确传达和表现所讲的原理、原则、程序的经典代表，预先考虑了不同的情景差异，视频使所讲要点得到非常准确生动的诠释。许多经典课程中的视频教学片都制作得非常精美，比如史蒂芬·柯维的《7个高效率人士的习惯》，保罗·赫赛的《情景领导力》，Achieveglobal 公司的《专业销售技巧》都是高品质的佳作。

现场模拟和示范是运用真实的道具与材料，将发生在实际生活中能体现教学内容的原理、原则、程序的片段搬到课堂中，由培训师或代表人再现出来。现场示范的好处是更有感染力，更有真实感，但当涉及大的、复杂的机器设备或复杂的情景时，很难把相关要素都在教室的环境中体现出来，只能运用视频录像补足或将展示环节放到事发现场，展示环节结束后再回到培训教室。现场示范的另一个特点是培训师可以立即示范现场学习者提出的建议或要求，从而直观地让学习者看到这些提议产生的结果，比较灵活。

第三，活动（Test & Try）。

由于活动是通过学员的参与而非培训师的讲解完成的，因此活动也被称为"教学方法"。课程设计六大要素中我们谈到的三个要素参与、测试、反思都是由活动构成的，基本上与这里所说的活动含义等同。这些活动尽管功能各异、目的不同，被培训师运用在不同的情景，但都是让学员完成体验和实践所学的必需。它使学习者在课堂上经历"虚拟的成功或者失败"，在应用中促进反思和融会贯通。

包含大脑在内的多感官的全身参与性的活动，既产生了能量，也是对学习节奏的调节。具体说，活动的意义在于：是互动的必要条件；让学员现场实践讲授的理论或技巧；检测学员对理论或技巧的理解；触动学员自我反省；强化记忆；提供反馈的基础。

我们已经知道，学习者在学习不同类型的知识点时会面对不同的挑战。活动即是应对这些挑战的很好方式。

首先，运用活动增加学习原理类课程的参与度。把原理切分成较小的片段，E、S 完成之后，加入测试活动，既可让学习者绷紧的神经有所缓和，同时又能从另一个角度反思和检查是否明白刚刚学习的内容，能有效缓解"原理的枯燥让人难以长时间保持注意力，对人记忆力要求高"的挑战。

其次，运用活动让原则类课程"接地气"。原则类课程的特点是让人觉得和自己的工作无关，"不见得适用于我的情况"。如果在讲解了原则的"什么、为什么"之后，选择活动中的案例或游戏，让学习者试着运用刚学习到的原则解决自己的问题，然后给予反馈和点评，人们就不会觉得老师所讲的"原则"都是不接地气的大道理。当案例的设计高度针对学习者的当下情况时，这种效果尤其明显。

最后，运用活动让程序变成真正的"技能"。如果只是把程序背下来，死记住，不是学习程序的目的。程序要引发正确的行动，要会实际操作，最终变成真正的技巧。参与活动是达成这一目的的唯一途径。

当然，所有的检测活动都有"检测"的功能，即检测学习者是否领会了学习内容，是否达成了预期的培训目的，以杜绝学习者和培训师认为学习者"已经明白了"、"已经学会了"，但其实不然的情况，迫使学习者"慎思之，明辨之"，实现融会贯通。

第四，反馈和反思（Feedback & Reflect）。

学员练习之后，培训师要针对学习者参与活动的情况给予点评和反馈，指出问题所在，提出改进建议。或更进一步，将学习者从活动中拉回现实，运用适当的问题促使学习者反思，并将反思成果应用在现实生活中。

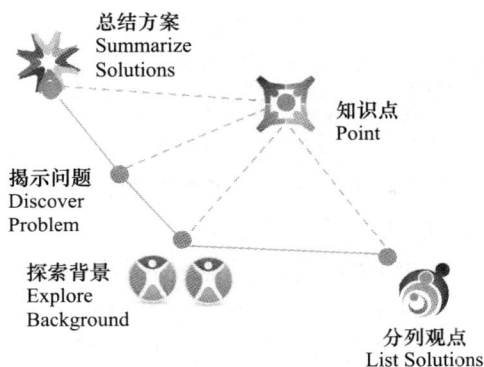

图 11 LEDS 点评总结模型

点评虽然根据学习者当场的表现而内容各异，促使学习者反思的问题也随情景而变，但基本上问问题的出发点和一些关键问题不会发生变化，笔者总结了 LEDS 点评模型和 SSC 促进反思模型。

分列观点（List Solutions）：把不同学习者持有的观点进行简单归纳总结，列出所有不同的观点。举例来说，在做"要不要留下他"案例时，老师会很自然地列出两种观点，即留和不留。因为一部分人主张留下老张，而另外一部分人则主张让老张离开。

探索背景（Explore Background）：让持不同观点的学习者分别阐述他们形成各自观点的背后逻辑。当学习者看到各自结论背后的假设条件时，他们可能会反思自己看问题的角度是否存在局限或有失偏颇，接受他们认为更出色的方案。

沿用上一个例子，培训师让持不同意见的人说明理由。持让老张离开的人的逻辑是："他是个出色的销售人员，但不是高潜力人员，不能提升是因为他并未表现出和新岗位相适应的能力。"持让老张升迁的人的逻辑："如果不留下来，会失去一个很好的销售人员，而且还会让其他的员工心寒，觉得公司不善待高绩效的员工。"

揭示问题（Discover Problem）：走完上一步骤之后，若学习者的意见还不能达成一致，培训师就要带领大家看到真正的问题，而不是停留在表面的纷争中，也就是这个活动真正要让大家学习的是什么。

继续上面的例子，培训师需要提示学员问题的关键："对于那些要提拔老张的人来说，你们真正担心的是如果不提拔他会带来他本人和其他员工的稳定性问题，而不是觉得老张的能力满足新岗位的需求，是吗？这个问题对于不提拔老张的人来说是否值得考虑？这个案例所反映的真正问题是什么？怎么解决？"

总结方案（Summarize Solutions）：这一次学习者得出的解决方案是针对教学

的知识点的方案，是真正洞悉了问题的本质的方案。

LEDS 模型适用于除了练习之外所有较为复杂的活动。至于练习，简单地公布答案即可。完成了 LEDS 之后，培训师可以继续问问题促使学习者进一步反思，运用 SSC 反思模型使学习者从案例的研讨回归到自己的实际生活中去。

S（Stop），问学员要停止做哪些日常工作中的事情；

S（Start），问学员要开始做哪些日常工作中的事情；

C（Continue），问学员有哪些现在正在做的事情要继续做。

这些问题能够促进学员反思，将所学习内容和现实工作连接起来。

就以上的例子，反思你的实际工作状况，在人员发展方面，你会立即停止做哪些事？你会立即开始做哪些事？你会继续做哪些事？

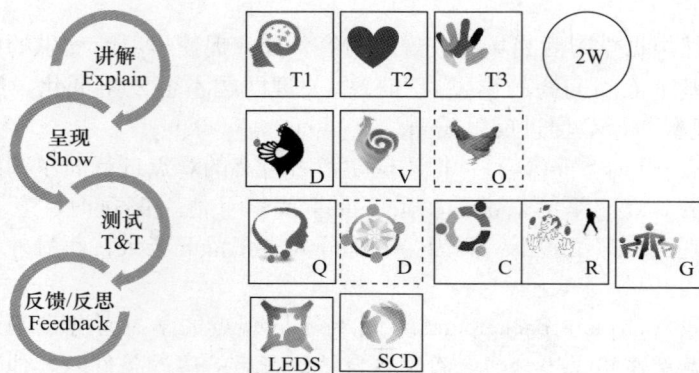

图 12　MJ 课程设计模型——主体 ESTF 模型

反馈环节是将学员所受到的挑战和心理感受明确化、明朗化，是指点迷津的时刻，是触动的最高点。通过这个环节，培训师告诉学习者他们的想法和做法"是对还是错"、"可取还是不可取"，学员因此产生"我错了"、"啊哈"、"原来是这样"、"我以后要这样做"的体会，这是领悟的标志。认识到"以前的我不是现在的我"，学员在认知上达到了新高度。

下面来看一个关于"细胞记忆和具身认知"的实证——

澳大利亚一名接受心脏移植手术的男子术后食性大变，变得爱吃汉堡和薯条，原来这颗心脏的原主人是一名爱吃汉堡和薯条的 18 岁少年。

科学家统计记录显示，至少有 70 个器官移植者在手术后的性格变得与器官捐献者的相似。美国亚利桑那州立大学著名心理学教授盖里·希瓦兹在历经 20 多年调查研究后认为：大脑不是唯一有记忆功能的器官，人体的所有主要器官都拥有某种"细胞记忆"功能。

认知心理学中的"具身认知"似乎为"细胞记忆"提供了佐证。

具身认知的科学家主张思维和认知在很大程度上依赖和发端于身体，身体的构造、神经的结构、感官和运动系统的活动方式决定了我们认识世界的方式和思维风格。如果我们拥有蝙蝠的生理结构，我们所感知到的世界就完全不是现在的样子。认知是身体的认知，心智是身体的心智，认知和心智不能离开身体存在。其含义可以从 3 个方面理解：

第一，认知过程进行的方式和步骤被身体的物理属性所决定。人的感知能力，如知觉的广度、可感知的极限等都是身体的物理属性决定的。

第二，认知的内容也是身体提供的。"人们对身体的主观感受和身体在活动中的体验为语言和思想部分地提供了基础内容。认知就是身体作用于物理、文化世界时发生的事情。"Lakoff 和 Johnson 关于概念形成的研究为这一命题提供了佐证。他们指出，人类抽象思维大多是隐喻（Metaphor）的。所谓隐喻就是用一个事物来理解另一个事物，例如，把爱比作旅程。人类的抽象思维大多利用了这种隐喻性的推理，即使用熟悉的事物去理解不熟悉的事物。追本溯源，人们最初熟悉的事物是我们的身体。我们的身体以及身体同世界的互动提供了我们认识世界的最原始概念。例如，上下、左右、前后、高矮、远近都以身体为中心，冷、热、温、凉也是身体感受到的。以这些身体中心的原型概念为基础，我们发展出其他一些更抽象的概念，如形容情感状态。

第三，认知是具身的，而身体又是嵌入（Embedded）环境的，认知、身体和环境组成一个动态的统一体。认知过程或认知状态似应扩展至认知者所处的环境。除了利用大脑中的信息，在认知过程中，我们也利用储存在环境中的信息，如计算器、纸张、铅笔甚至灯光和装饰品。人类可以把环境结构纳入认知加工。

许多实验也支持了具身认知的基础假设，这些实验包括行为强化态度、行为左右情绪、记忆中的认知是具身化的实证等。这些"逆向"的实验证明，"理性本身就是一种想象作用，就像知觉和行为一样，它们都是具身的。换言之，身体和大脑与世界的互动构造了它们"。

这些信息对培训师的影响是什么呢？

一个确定的事情就是在课程设计和演绎时，应充分发挥"具身认知"的作用和潜力，超越单一的诉诸学习者的听觉和视觉，应该利用一切认知因素，包括身体的和环境的，创造每个学习者的"体验"的机会，由物理的、实在的运动，上升到隐喻的、情绪的感受；由真实的身体体验，抽象成为理性的认知。

主体 4T 模型

听过笔者线下培训课程的人，会对 4T 模型有很深的印象，甚至会一直运用 4T 模型而不是用 ESTF 模型作为课程内容主体设计的模型。问题来了：两个模型有什么区别？什么时候该使用哪一个模型？

先看看 4T 模型是什么。

所谓 4T，是原理、原则、程序、活动的 4 个英文单词的首字母。笔者对这 4 个中文词语的英文翻译是：原理（Theory），原则（Tenet），程序（Techniques），活动（Try & Test）。程序之所以没有翻译成为 Procedure 或者 Process，一是因为想寻找字母开头为 T 的英文单词，这样便于记忆；二是由于程序和技术技巧的关系。程序和技巧是同一件事物的一体两面，程序是外在的，着眼点是一个过程的所有步骤，而技巧则是实现每一个过程或步骤的具体动作及要点。

4T 模型的含义是什么？

在组织课程内容的主体材料时，如果我们按照原理、原则、程序、活动的顺序进行组织，那么课堂就是一个能实现基本互动要求的课堂。

在"讲好三类课程"一章中，我们曾经谈到不同类型课程的特点及对学习者的挑战，现在我们再从另外一个角度看这两个问题。

再看原理、原则、程序的特点我们发现，原则通常用来立论，说明培训师的观点；而原理常用作原则的论据，论证培训师所持原则的合理性；程序则作为原理或原则的应用部分，解决学习者最关心的"我怎么做"的问题。将这三者组合起来，配上让学习者参与的活动，就成为一个微型、精简的课程，含有互动的成分和元素。

4T 模型与 ESTF 模型相比，没有包含课程演绎部分的要求，没有说明内容和呈现之间的关系。也正因为 4T 模型没有包含课程演绎部分的要素，4T 模型可作为工具评估培训教材的互动性。从教材内容组织，即可看出端倪，反推出培训师的现场授课效果。例如：如果课程中 T1（原理）太多，而其他部分都很少甚至没有，可推断出培训效果是技术型的演讲，而如果只有 T2（原则）且其他部分很少甚至没有，则可推断出是"说大道理"的演讲，互动较少；而如果只有 T3，则一定是相关工艺流程或技术流程型的演讲，枯燥乏味；如果只有 T4（活动），培训往往不够分量，高度不足，流于就事论事。

因此，当 4 个 T 都具备，并按照 1∶1∶1∶1 的比例进行组合展开，可以视为一个体系完整完善的设计。

正如一个 OPEN 下有多个 ESTF 一样，一个 OPEN 下面，FREE 结尾前面，不会只有一个 4T，而是有多个 4T。

4T 模型与六大要素之间的关系如下：

以六大要素的眼光看，4T 实际上是三大要素：内容、参与和测试。这三大要素是六大要素中最核心、最根本的要素，由于"反馈"要素在课程的设计阶段不存在，而花絮和充能器都是对课程的活化，缺乏并不影响内容的完整性，所以 4T 即可断定教材最核心的部分已经完成。

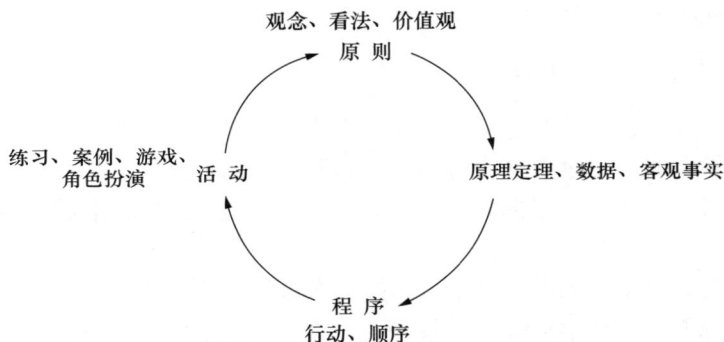

图 13 MJ 课程内容设计模型——4T 主体模型

结尾 FREE 模型

结尾是指课程的主体部分讲解完毕，课程要结束了。通常在结束前，人们希望有一个问答环节，问答环节结束，培训师总结所有内容，结束授课。

结尾存在着诸多期待，人们期待结尾时培训师能够简明扼要地重提所有要点，自己的学习行为能得到培训师的肯定，等等。基于学习者的需求和笔者的教学实践，总结出 FREE 四步骤结尾：回顾；评价；后续；升华。

一、回顾（Review）

回顾，即简要回顾一下整个培训课程的核心内容。比如下面的例子：

沟通技巧的课程到此结束，让我们回顾一下课程主要的三部分内容，第一……第二……

现在我们对于谈判技巧应该有清楚的了解了，一个有效的谈判是对策略和战术的有效把握，我们学习了五种策略和十种战术，分别是……

二、评价（Evaluate）

评价，即对学员的表现以及是否达成了培训师所设定的预期教学目标进行评价总结。比如下面的例子：

各位学员在课堂上的表现非常出色，没有人迟到或早退。在 3 个角色扮演的练习中，大家的行为清楚地表明了各位掌握了 STAR 的技巧……

课堂活动练习表明，我们对 STAR 的技巧的理解和把握还需要进一步加强和提升，还不十分熟练……

三、后续（Follow – up）

后续，即说明此课程是否是系列课程中的一部分，接下来会有什么辅助性的课程，有没有要求学员进行什么行动。比如下面的例子：

这是新员工培训的第二部分，在下周三下午两点，会给大家做公司的产品介绍部分，请大家准时参加。

沟通技巧的培训今天全部结束了，接下来希望大家在日常的工作中实践课堂上所讲授的原则。这些表格是行动计划表，在座的诸位和你们的上司都要填写，每周交给人力资源部门一份，看大家的学习应用情况……

四、升华（Escalation）

升华，即通过艺术化的手法，对所讲授课程的主旨要义进行本质提炼，提高思想境界。升华的目的是再一次增强感染力，激励学习者行动的欲望和动力。

在以上 4 个步骤当中，除了评价需要培训师根据学员在课堂上的表现当场做出之外，其他的部分，均可在教材的设计阶段先行设计和完成。

图 14　MJ 课程内容设计模型——结尾 FREE 模型

下面来看看结尾 FREE 模型实例。

Summary

1. You must always check your measurement system.

1. Resolution of instrument must be less than 10, % GR&R.

2. Number of distinct categories should be more than 4.

3. % Tolerance gage R & R VS % Process gage R & R VS % Contribution gage R & R

4. If Gage R&R is more than 30%, which is unacceptable and have to be improved.

5. Diagnostics/run chart can help you to evaluate measurement system and find cause quickly.

6. True value and Error exist but you never know.

See　　hear

Measure the world,

Make it a better place,

For you and for me and the entire human race.

Feel　　Count　　Smell

Discover　　Detect

总结

控制紧张情绪　**1** 　激发听众兴趣 **2**

与听众建立和谐的关系 **3** 　自信地处理问题 **4**

克服当众说话的恐惧，对于我们做任何事都会有极大的潜移默化的功效。战胜当众说话的恐惧，会使我们脱胎换骨，进入更丰富、更圆满的人生。

　　　　　　——戴尔·卡耐基

谢谢！

图 15　结尾 FREE 模型实例组图（1）

课程回顾

认识冲突的本质　了解冲突的形成　了解处理冲突的5种方法　掌握处理冲突的4个步骤

图 16　结尾 FREE 模型实例组图（2）

活动设计 PPIS 模型

读到这里，大家应该已明白"活动"一词在本书的明确所指，即参与和测试环节，有的人也会称"活动"为培训方法或教学方法。而本书之所以没有使用"练习"或"教学方法"，是因为两个词容易带来歧义。比如，活动中的测试练习与国人通常意义上的"练习"的概念出入不大，而活动中的"游戏"却与人们认为的练习差别很大；教学方法是一个更为宽泛的概念，培训课程中所发生的一切均可称为教学方法，这大大超出了"活动"的概念。鉴于此，笔者将所有测试和参与（Test & Try）的形式另命名为活动。

活动的特点，是以学员为主体，学员参与和投身到活动当中，解决问题，检验效果。常见的活动有：练习、小组讨论、游戏、角色扮演（Role Play）与真实体验（Real Play）、案例分析、参与实际项目、撰写案例、发表演讲等。在这些活动当中，"参与实际项目、撰写案例、发表演讲"多发生在培训课程结束之后，作为"行动学习"的方法纳入培训管理者的日常管理范畴，在此不做讨论。对于其他在课堂上发生的种种活动按照性质、特点、训练目的进行归纳，在前面的章节中我们已经将其分为 5 种主要形式。

一、一个好的活动应该是怎样的

活动设计得好，学习者参与起来自然舒适，虽然也会遇到挑战，但这些挑战能带来正面的学习动力和效果。设计得不好，则不能有效地激发学习者的参与热情，即使学习者勉强参与，也可能会觉得参与的意义不明，检测的点不一致，徒增迷惑，导致学习意愿降低，还可能导致学习者质疑老师的能力。

一个好的活动应该是怎样的呢？它有这样几条原则：有趣或者有关；切题，检测点与讲授要点一脉相承；难度适中；时间恰当。下面我们逐条分析。

第一条原则：有趣或者有关。有关是指活动与学习者的日常工作环境相关，最好是学习者实际生活中常常遇到的问题，是学习者参加此课程的初衷。有经验的培训师大多有这样的经历，一旦讨论到学习者的实际工作或生活，学习者会迅速集中注意力，即使不太爱说话的人都会积极发言。所以，让学习者参与和测试日常工作相关的活动讨论，基本上是保证课堂成功的法宝。可是，有时候活动与学习者的实际工作没有那么相关，或者学习者暂时还看不到那么强的相关性时，怎么做呢？一个有效的方法是尝试让活动变得有趣。比如，培训师讲了"重复问为什么"的知识点之后，所设计的活动如果就最近发生在生产现场的一个未解决的实际问题进行练习，就是运用了"有关"原则；若以"昨晚为什么英格兰足球队输了"为题，培训师就是在试图运用"有趣"的原则。有趣和有关在 5 种活动中的 Quiz（测试练习）形式中应用最为直接，因为 Quiz（测试练习）几乎是检测原理类课程中最常见的形式，而通常它们给人的印象是枯燥和冷漠。

第二条原则：切题，检测点与讲授要点一脉相承。这个原则是指所有的活动都应该与活动前培训师所讲的知识点一脉相承，参与点、检测点与知识点统一。例如，培训师讲完了拜访客户开场白的四个步骤，设计一个角色扮演，让学习者参与并检测是否掌握了这四个步骤，这就是切题的。而如果这个角色扮演中混杂其他要点，是处理客户投诉的情景，那就会令人迷惑。尽管此条适用于一切活动的设计，在实际操作中，案例分析、游戏和角色扮演这三种活动由于包含要素较多常会产生问题。

第三条原则：难度适中。难度可以从 3 个维度考虑，即学习者的阅读量要求、数理逻辑挑战程度和身体挑战程度。如果活动中需要学习者阅读大量材料，就会给学习者带来智力和注意力上的挑战。太多太难的数学运算和逻辑推理也是高难度的表现。复杂细致的表演，完成较难的或有危险性的动作，同时兼顾和协调多个任务，都是对身体的挑战。这些挑战会导致学习者对活动望而却步。例如，如果学习者被要求阅读超过 3 页纸的案例，里面有大量的数据需要计算，还要把情景演出来，可能会导致学习者什么都不做。

第四条原则：时间恰当。活动的时间是否太长？即使活动不困难、不具备大的挑战性，如果时间很长，学习者也可能会觉得厌烦。活动时，课堂的中心不再是培训师而变成了学习者自身，每一个活动都有无序和混乱的元素，长时间缺乏培训师的影响力会导致课程松散，焦点消失。当然，太短的练习时间会让学习者产生紧张的感觉。

二、活动设计的 PPIS 模型

PPIS 模型虽然可以应用于所有的活动设计，但应用于案例分析、角色扮演、游戏设计会更加顺手，可以应用于构思、材料收集、撰写脚本各阶段。

首先，确定练习点（Practice Point）。确定要学习者练习的点是什么，所需要练习的点往往是关键的知识点，是培训师希望学习者掌握的知识点，我们依此设计活动。

其次，确定问题点（Problems）。确定学习者在掌握这个知识点时常见的问题是什么，常犯的错误是什么。如人们在初学帕累托图时，常常与直方图混淆。把直方图和帕累托图混为一谈是学习者常见的问题点。

最后，确定干扰因素（Interferences）。找出学习者学习这个知识点时常犯的错误是什么原因导致的，常见的干扰因素是什么。是自我认知概念的不清楚，还是当几个相似概念放在一起时才容易产生混淆？错误的产生常常是迫于人为的压力，抑或是环境因素，比如学习者学习了工伤定义——因工作导致的伤害。可是如果某员工在工作时间内违背劳动纪律，去做了劳动纪律不允许的事情而导致的伤害，还能算工伤吗？这个"劳动纪律不允许"的私自行动，就是一个干扰因素。

干扰因素设计得越巧妙，越具有迷惑性，也越考验学习者是否真正掌握了所学的知识点和概念。生硬的干扰因素既起不到干扰效果，又不符合情理，是活动设计中的问题。

根据以上信息构思成一个事件完整的故事并提出问题，就是案例分析；如果构思成一个简单的背景，让学员表演出此背景下应该发生的事情，就是角色扮演；如果是案例，故事的描述要交代清楚，谁在什么时间做了一件什么事情，结果是什么，然后附加上所要回答的问题；如果是角色扮演的背景材料，则要交代清楚在什么情景下，有什么人，你的角色是什么，相关人员的任务是什么，应该以什么方式完成这个任务。

下面，笔者对两种情况进行澄清：

一是案例分析故事架构。确定主角，包括职位、年龄、学历等相关因素；其他人物，包括职位、年龄、学历，与主角的关系等相关因素；描述事件，包括事件的产生、经过、结果；思考问题，包括相关人物的语言、行为描述（有细节更传神）。值得注意的是，在分析过程中，需要让学习者思考和讨论的问题。

二是角色扮演脚本架构。目的（Purpose），即练习的目的是什么；基本情景（Situation），即情景简述，也就是关于事件发生的公司、行业、产品、问题等相关因素描述；相关角色（Roles），即一方是谁，另一方又是谁；描述任务（Task），即在接下来的表演中，一方要完成的任务是什么，另一方要完成的任务又是什么；条件约束（Learning Points），这是知识点，要求学习者必须按照知识点的要求达成任务，具体包括你必须使用什么技能完成任务，遇到问题时你可以怎么做；提示（Sign），即练习提示，包括你做正确时会得到什么信号，你做错误时会得到什么信号。

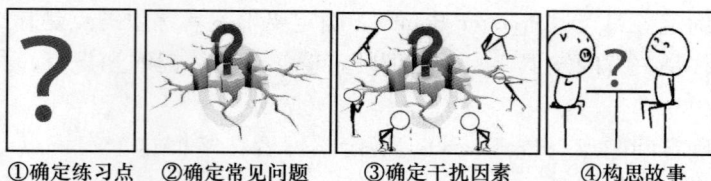

①确定练习点　②确定常见问题　③确定干扰因素　④构思故事

图 17　MJ 课程设计模型——活动设计 PPIS 模型

三、5 种活动的详细解释

5 种活动分别有自己的适用场合，满足不同练习要求，而合起来，即可实现《礼记》中所说的"博学之，审问之，慎思之，明辨之，笃行之"的境界。此小节详细阐述每种活动的定义、特点、适用情景及样本，以帮助大家对 5 种活动有更细致的了解。

第一，测试练习——明辨。

测试练习是我们通常所说的口头提问或者书面测试题目，让学员找出答案。可个人完成，也可以小组形式完成。

练习的答案是唯一的、明确的。如果有一个以上的答案，必然有一个正确，其他错误。下面的例子可以锻炼明辨的能力：

"你 28 岁结婚，30 岁剖腹产生下一对双胞胎，你可以享受多长时间产假？"

"6Sigma 是什么意思？"

"天气炎热，操作工 A 觉得车间柱子上的电扇没有朝着自己吹风，便想调整一下电扇方向，于是搬来凳子，伸手去调整，左手中指被叶片击中受伤。厂长说：'调整风扇不是单位安排的，也不属于本职工作。'请问 A 的情况算工伤吗？"

"精益生产中的七大浪费是什么？"

练习被广泛用于知识类的培训当中，应用的领域可以是技术、财务、生产、质量、销售等，不一而足，用以检测学员是否掌握所讲授的原理和原则课程中的基本定义和概念。

应用成功有两个关键因素：一是题目难度是否适中；二是要么有趣，要么有关。

第二，讨论——博学。

将一组人集中在一起就某个话题展开讨论，各抒己见，最后汇总成小组共同认可的结论。讨论的效果是达到"博学"，即看到不同的人在同一问题上的不同认知和立场。扩展自己的视野和视角，丰富自己对所讨论问题的认知。

讨论的特征，是汇聚所有小组成员的知识和经验，得出共同结论，但一般共同结论不止一个。小组讨论的目的在于让学习者就一个问题找到不同的视角，答案之间往往是互补和可以共存的，因为每个小组成员基于不同的前提假设来回答问题。

讨论多运用于原则和观念部分的讲授中。比如，"如何对待缺乏热情的老员工？""如何加快新员工胜任工作的速度？"

应用成功有 3 个关键因素：一是讨论题目是关键，不能太空泛，如"如何提升国民素质"；也不应该开口太小，如"被称为现代管理之父的人是谁"。二是小组人数以 5 人之内为宜。三是参与者对讨论议题有基本的常识和经验。

第三，游戏——诚心正意。

游戏是以直接获得生理和心理快感为主要目的，且必须有身体参与互动的活动。

游戏提供的是体验，参与者通过体验"领悟到"相关的知识或道理，自然而然地形成某些认知和看法，接受某些观念，而无须强迫和灌输。因此，应用游戏往往能在培训课堂中实现"诚心正意"的效果。

游戏主要应用于对观念和态度的体验及验证。其成功有 4 个关键因素：一是新颖性，即对学员来说是否是个新游戏；二是参与程度，即游戏的过程是否得到认真的参与；三是引导程序，即是否简捷有效，兼收并蓄不同观点但每个人都赞同；四是总结相关度，即最后总结是否恰当以及令人信服。

第四，案例分析——慎思。

案例分析即通过提供学习者某一真实或虚拟事件情景，要求学习者回答相关问题。案例分析过程是回答问题的过程，也是学习者反思所学习理论以及考虑其实际应用的过程。因此，案例包括事件和问题两部分。案例中的事件可以是虚拟的，也可以是真实的，但往往都有较为详细的故事脉络和情景描述。

尽管案例分析可以以单个学习者为单位完成，但以小组方式共同分析讨论并形成一个解决方案的居多，因为案例分析旨在锻炼学习者在与众人的思想碰撞之后的"慎思"能力，即从纷繁复杂的仁者见仁、智者见智的各色解决方案中筛选出真正有价值的方案，而这些方案往往是培训师刚刚讲授的知识点。

案例分析有 3 方面的特征：一是事件中隐含的问题具有典型性。案例事件中必须包含矛盾、冲突或疑难，而这些矛盾、冲突或疑难具有普遍性和典型性，反映了概括的真实。二是解决方案的不唯一性。对于案例中的问题，有多种不同的解决方法或可能的答案。答案的不唯一性导致了更高层的意见碰撞、反思和整合。不唯一的解决方案并不意味着每个解决方案都是可以接受的，都是可行的。相反，培训师要通过引导，让学习者对各个方案进行辨析，归纳出一两个可行的方案。案例分析最有价值的部分就是这个从发散到收敛的过程。三是与角色扮演不同，参与案例分析的每个人都是参与者，没有观察员，每个人都要形成自己的解决方案和观点，同时在辩论过程中调整自己的看法。

案例分析常应用于检测学习者对于原则和观念的理解及应用。其成功有 3 个关键因素：一是难度适中的案例，二是案例中隐含矛盾的典型性，三是培训师的洞察力和引导能力。

第五，角色扮演——笃行。

角色扮演是一种情景模拟活动，学员根据事先写好的剧本或设定的情景，分别扮演不同的角色，运用所学习的知识和技巧处理情境中所描述的问题及冲突。

培训师只提供场景和任务，不提供事件的发展和结局。事件的发展和结局通过不同角色之间的互动自然呈现，如同学习者自己完成了一项真实的任务。角色扮演用于鉴别是否做到了"笃行"的效果。

角色扮演常用来检验学员是否真正明白了相关知识和掌握了相应的技巧，多应用于技巧类型的培训当中。

角色扮演的成功有 4 个关键因素：一是明确可衡量的技巧模型，模棱两可的技巧模型达不到预期的训练效果；二是剧本设计或场景说明的明确程度，每个角色的背景、任务是否有明确说明和交代；三是剧本设计的复杂程度，剧本中所提供的信息量适中，符合学习者的能力水平；四是学员的临场反应速度，某些角色扮演的成功取决于学员的表演和表达才能。

上述 5 种活动的课堂演绎形式有以下两种：

一是蝴蝶采花式。它把学员分成小组，每个小组成员分别承担演员和观察员的角色，多个小组同时进行演练。观察员只对小组内演员的表演进行观察、指导和评估。培训师观察所有小组的演练情况，记录总结要点，必要时培训师会直接干预或指导某位学员的演练。这种方式的局限是课堂气氛不够热烈，培训师也较难照顾到所有小组。

蝴蝶采花式的好处：所有学员都有作为演员练习技巧的机会，有利于个人技巧提升；每个学员都能对自己的技巧有清楚的意识和感受；每个学员都有做观察员的机会，能够看到他人的问题。

二是金鱼缸式。从学员中挑选一组演员，其余人扮演观察员。表演结束，充当观察员的学员对演员的表现进行评价和反馈，培训师做最后总结。这种方式的局限是只有扮演演员的学员有机会练习技巧，违背角色扮演练习设计的初衷。

金鱼缸式的好处：所有学员都对普遍存在的问题产生切身感受并印象深刻；较多数量的观察员产生更为细致的反馈；整个课堂氛围热烈。

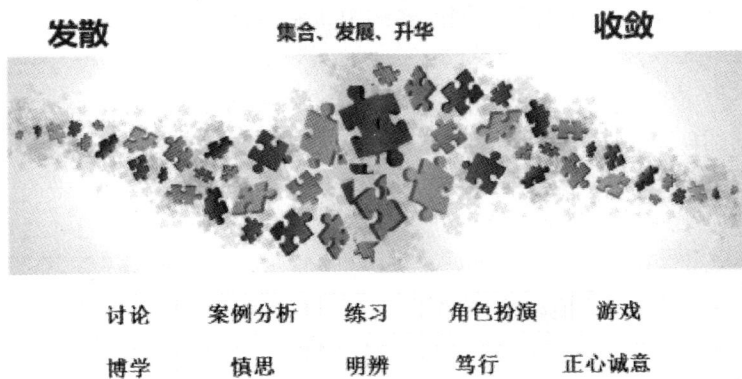

图18　5种活动作用辨析

从需求到内容——厘清培训需求和问题

前面我们谈到培训的目的是解决问题，内容的组织要围绕学习者的问题出发，确定能直接解决这些问题的知识点，厘清相应的原理、原则、程序三大内容支柱，然后对如何演绎三大支柱进行设计。所要解决的问题既是培训内容的出发点也是最终的检验点，是连接培训内容和学员需求的桥梁。既然问题如此重要，深入把握这些问题对于培训师来说就是成功的关键。

学习者的问题可分为两大类，一类问题是亟待解决的问题，如同救火，不解决这些问题，学习者就不能顺利完成某项任务，或低于预期的绩效标准。例如："我想提升谈判技巧，好几笔生意都没谈成"；"我想学习一些基本礼仪知识，因为我要去拜访客户了"。而有些问题是前瞻类问题，是对现状的否定和超越，为将来做准备。培训的目的是为了开拓思路，寻求启发，没有一个现成的、更好的做法坐等培训师呈现，培训师只能提供一些与学习者的经验不同的东西、相关的东西，让学习者从这些"新东西"中自行整合并付诸实践。

另一类问题是和学习者的整体生存状态相关的社交或放松的需求。这些需求对设计培训项目形成影响，对培训内容的组织和设计来说影响不大，因此不在本书中讨论。

借用一些基本的问题分析流程，即可完成深入分析培训需求，确定学习者真正要解决的问题，从而不会提供错误的问题解决方案，也不会导致培训内容与学员的需求脱节。培训需求分析七步骤法如下：

第一步：了解培训目的。学习者对培训的需求是什么？学习的目的是什么？我想学习 XX，尤其是和别人意见不一致时如何坚持自己的观点，又不会惹怒对方；我们要一个 XX 培训给我们的 YY，提升他们的 ZZ……这些都是在诉说需求和学习目的。

第二步：问题表现。了解了培训目的之后，不要认为简单根据学习者或学习者的代理人所提出的培训需求，萃取其中的关键字，然后再找到包含这组关键字的培训课程名称或章节名称，就算完成了课程内容的匹配。一定要了解清楚，学习者的具体问题表现或问题行为是什么，也就是说，YY 们在 ZZ 上具体遇到了哪些问题和挑战，学员行为背后的逻辑是什么。

第三步：行为环境。如果必要，培训师需要做一些简单的调查，查看学习者行为所发生的客观环境具体是怎样的。根据培训主题的不同，这里的客观环境既可能是具体的物理空间，比如跟生产现场相关的"工作教导"或"工作安全"类的培训，也可能是行业状况或企业文化，比如讲产品创新和战略创新主题的课程。了解学习者的群体行为背景，了解培训解决方案的应用环境，才能设计和检测培训内容的有效性。

第四步：真正需求。通过完成以上三步，培训师可以清楚地断定导致问题的真正原因是什么，也就是真正的培训需求是什么，学习者通过这个培训期望解决什么问题。

第五步：初步解决方案。能解决真实原因的培训解决方案是什么，其核心的知识点及培训方向。

第六步：培训历史。了解学习者是否已经学习过相似课题的培训课程，所学课程中所包含的核心原理、原则、程序是什么。如果在培训师看来能解决某一具体问题的核心原理、原则、程序已经体现在学习者曾经学习过的课程中，就要再分析，为什么问题没有得到解决。而如果以前没有接受过和你的解决方案相似的培训，可进行下一步骤。对于求新求变的培训需求，这一步骤尤其重要，否则可能导致你以为给学习者提供了一个全新的课程，正期待着他们的喝彩，而在课堂上才发现又是老调重弹。

第七步：确认解决方案。根据以上步骤，确定对初步解决方案是否进行调整修改，并将初步解决方案切分成具体的、单一的原理、原则、程序，确定核心框架，然后再按照后文讨论的课程设计方法进行材料组织和呈现设计。

以上七步骤法中的前四步，是通过厘清问题找到真正的培训需求，而第五步到第七步，是培训内容的确定。

下面以笔者实际经历过的案例对七步骤法做进一步说明。

（1）了解培训目的。一位著名化妆品公司的培训主管计划为负责产品培训的培训师做培训，学习如何激发学员的学习热情，以在给促销员培训时，使学员的注意力更集中，不随意走动，培训效果更明显。

（2）问题表现。尽管"激发学员的学习热情"和"学习效果"这两个关键词听起来与笔者常常讲的《MJ 培训师培训》课程中的部分内容完全吻合，只要选取现有课程中的"如何激发学员的学习热情"即可满足这个需求，达成培训目的，但笔者还是进行了了解学习者目前的问题表现这一步骤。笔者询问这位主管："他们具体哪里做得不好？哪里没有达到预期？你认为为什么会出现这样的问题？"得到的回答是这些产品培训师在授课过程中不能很好地强调产品的卖点，培训师既不知道学员是否完全掌握了产品卖点，也不确定学员是否在实际销售的过程对客户说明了这些卖点。因为培训师在课程中不做测试，课后也没有应用检测。

（3）行为环境。为了做正确的决策，笔者和 3 名未来要参加培训的学员面谈，向他们了解情况。他们带来了日常上课用的教材，告诉笔者这些教材都是公司准备好的，他们只需要尽可能生动地演绎出来。笔者把从培训主管那里得到的信息和疑问告诉他们，他们告诉笔者其实测试是有的，但当时间紧迫时，他们就把这个步骤省略了。至于卖点，他们认为自己已经讲清楚了，但没有整理出一个固定的方案给促销员，后续的应用也并未检查。至于如何整理出一个方案，并且把这个方案演绎得很有吸引力，这是他们希望能够从此次培训中学习的。至于学员在课堂中会发生走动情况，是因为学员都在零售店里的一个角落接受培训，如果培训时间点选得不好，销售员会离开课堂去接待顾客。

（4）真正需求。不难看出，走到这一步，已经找到了导致问题的真正原因，也就是真正的培训需求：一是不了解测试在培训中对于衡量学习效果的重要性；二是不知道 FAB 的卖点讲解方法和应用检测程序；三是培训时间要选择店里顾客较少的时间段。

（5）解决方案。学习的解决方案应该注重两个方面：一是培训中测试的重要性以及方法；二是 FAB 的讲解套路。

（6）培训历史。为了验证相关内容是否已经做过相关培训，是否还有更复杂的因素，确认笔者对真实原因判断的正确性，笔者询问他们是否接受过如何激发学习热情等相关培训师技能的培训，是否知道 FAB 的概念。得到的信息是这些学员已经接受过演讲技巧的培训，了解 FAB 的基本概念，但不知道如何结合实际销售的产品完成一套统一的 FAB 产品方案，也不知道如何检测 FAB 的应用效果。

（7）解决方案确认。根据以上信息，培训时间的选择不需要通过培训解决，课程的核心内容应该是以下几个知识点：一是检测培训效果。测试的重要作用是激发学习热情和检测学习成果，这是"原则"。产品培训中花时间不多的测试形式，这是"原理"。二是实际产品的 FAB 统一方法。FAB 与卖点结合的重要性在于能言简意赅地快速吸引顾客，这是"原理"。FAB 的标准方法套路，比如"天龙八部方式"，这是"程序"。三是 FAB 实践中的应用检查。实践中检查 FAB 的重要性，不应用就会忘记，不能产生效果，这是"原则"。检测 FAB 应用的诊断技术，这是"程序"。如何处理应用结果，这是"观念＋程序"——对正确应用的员工的做法应鼓励和认可（观念）；鼓励和认可的做法（程序）；对未正确应用或不应用的员工应问、带、教（观念）。什么是问、带、教，这是"原理"。做好问、带、教，这是"程序"。

从以上的例子可以看出，走完了整套步骤，可以确保课程内容是针对学员问题的真正解决方案，避免了运用关键词对应方式导致需求问题可能的误解。同时，我们已经判断清楚，哪一个观念，哪一个技巧，或哪一个程序对学习者来说是需要学习的，是教材设计的重点内容，以及所列出的所有内容哪些是不需要的。

运用以上程序进行作为厘清问题和确定内容的工具，解决了一个问题，即从众多的相关内容中，选取恰当的原理、原则、程序解决问题。

七步骤法让培训师避免了根据需求主题关键词，凭借主观臆断确定课程内容的陷阱。但必须要说明的是，高质量地实施七步骤法非常依赖培训师的个人判断力。尽管一些测评工具对客观评估学习者的现状有所帮助，但培训师的个人判断力是获得理想成果的重要因素，也是培训师专业程度的体现。

第一步到第三步，是厘清问题和需求的部分。培训师要做到多听多看，因为培训的需求不仅来自目标学习者，还来自各种"代言人"，如学习者的上司、客户、培训组织者和公司的高级领导者。这些人的看法和期待不尽相同，需要培训师做平衡和整合。不考虑政治而仅就专业而言，当有不同声音的时候，实施第二步和第三步是在各种不同的声音中找到真正需求的有力手段。

第四步到第七步，是厘清问题到确定内容的阶段，也是完全仰赖培训师的判断和专业的部分。目标学习者及其他的需求代言人有可能准确地感知和描述出需求，却不知道用什么具体内容来满足需求，解决导致需求的核心问题。尽管他们也会基于自己的经验提出一些内容的方向和实施课程的建议，但这些建议往往是粗略的、方向性的，真正的课程核心内容和知识点必须由培训师决定。实践中普遍存在培训师清楚地知道培训需求，却因其知识所限，无法提供解决方案的情况，限于篇幅，在此不讨论此问题的解决。

从需求到内容——控制课程内容深浅程度

根据需求和问题确定了课程的核心内容，接下来是如何将这些核心内容串联起来。在串联的过程中，我们需要对核心内容进行逻辑上的细分，分成次一级的要素，次一级要素又分成更次一级的要素，就如同把房子拆分成石头和沙子，石头和沙子又可被拆分成若干化学元素。这些不同级别的要素组合排列的顺序，笔者称其为"知识点层级"。讨论知识点层级，是为了考虑实现教学过程的循序渐进，对课程内容的深浅程度进行掌控。以房子为例，就是要讲到石头和沙子为止，还是讲到石头和沙子的化学元素级别为止。

知识点层级安排得当，会让学习者感觉课程内容具有充分的针对性，所谈内容完全根据自己的问题出发；同时他们又会觉得课程内容充满新意，挑战程度与自己的水平相得益彰，学习起来如鱼得水；相反的结果则是太难或太浅。

太难或太浅不仅会造成听不懂和不愿听，还会让学习者产生课程与其实际状况不相关的感受，如"听天书"、"没什么新东西"、"没用"等通常的感慨和抱怨。

在太浅与太难之间，拿捏到哪一个点是"刚好合适"的呢？这也是常依靠培训师主观判断的问题。尽管从纯粹的技术角度说，培训师可以通过对学习者的评估获得客观答案，实践中的主要困难来自班级中学习者层次的不一致和对此因素对学习效果影响的忽视。有经验的培训师会为获得此信息进行评估和调查。

将所有的课程内容排列整理，以所要解决的问题为出发点，将能够直接回答问题的知识点层级定为"核心内容"，以解释或支持核心内容的层级作为"支持性内容"。

一、核心内容的特点

核心内容的特点是所涉及的原理、原则、程序是回答需求问题的直接答案。以"怎样预测新产品销量"课程为例，核心内容是新产品的销量取决于沟通有效性、吸引程度等五大因素。

二、支持性内容的特点

支持性内容是解释说明核心内容中相关概念的内容。一个人如果听不懂核心内容，不了解核心内容中所涉及概念的基本意思，就需要支持性内容进行铺垫。还以"怎样预测新产品销量"课程为例，核心内容与支持性内容列举比较如下：

核心内容：新产品的销量取决于沟通有效性、吸引程度等五大因素。

一级支持性内容：为什么新产品的销量取决于沟通有效性、吸引程度等五大因素。

二级支持性内容：什么是沟通（Communication）？什么是吸引（Attraction）？什么是……

三级支持性内容：什么沟通对象？什么……

支持性的内容可以无限制地深入和分拆下去，支持性内容与核心内容的层级越远，内容对所要解决的问题而言相关性越差。体现在课程效果上，对不同的学习者而言，既可能造成太深的感受，也可能造成太浅的感受。一般而言，支持性内容的层级越多，课程越浅显；但支持性内容超越常识性认知水平之后，课程内容也可能表现为太深。这道理就像要讲清楚为什么"$1+1=2$"需要非常专业的数学知识一样。

将课程内容做如此分类，解决了课程设计中课程内容深浅程度把握的问题，同时也解决了课程内容的逻辑流畅性问题。

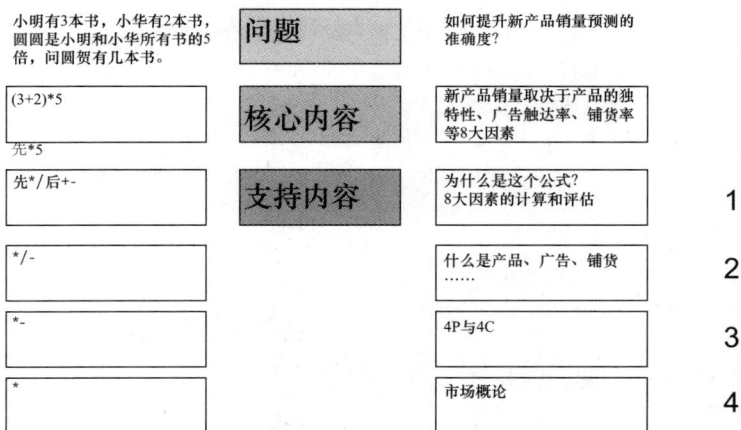

图1　课程内容深浅度的把握

附　录

附表1　培训需求分析表（1）

现象 （问题表现）	1. 每天朝九晚九，身心疲惫 2. 经常发火，情绪失控 3. 不能响应同事的要求，导致不满 4. 太少时间陪家人，内疚，家庭不和 5. 并未获得高绩效，上司不满意、愤怒
问题总括	忙碌且无效
具体的行为	1. 处理邮件花很长时间，自觉浪费时间的点在某类邮件，原因是英文措辞拿捏不定 2. 要花很多时间处理报名管理系统，因为输入、抓报告都很不熟练，心里面也不喜欢 3. 午餐时间较长，因为要处理一些股票等私人事务，觉得不对但很难改 4. 花较多时间寻找邮件、材料等 5. 如果多项任务在手，习惯按照时间顺序完成一项，再做另外一项

行为原因： 1. 英文措辞拿捏不准 2. 输入、抓报告都很不熟练，心里面也不喜欢 3. 午餐时间较长，因为要处理一些股票等私人事务，觉得不对但很难改 4. 由邮件管理习惯和物品管理习惯导致 5. 如果多项任务在手，习惯按照时间顺序完成一项，再做另外一项，不知道正确做法	解决方案： 1. 学习提升英文、建立套路、寻求帮助 2. 请求他人协助，或尝试改变内心 3. 知道不该，但不能克制，知道、有概念但没有纪律 4. 学习邮件和物品管理 5. 学习处理多项任务

内容确定	1. 对不喜欢、不擅长任务的处理 2. 建立时间管理的纪律 3. 如何同时处理多项任务

框架设计	1. 对不喜欢、不擅长任务的处理	原理：无 原则：改变看法及寻求帮助 程序：寻求帮助的技巧

框架设计	2. 建立时间管理的纪律	原理：无 原则：时间管理的良好习惯需要艰苦训练 程序：事务表安排及遵守
	3. 如何同时处理多项任务	原理：紧急/重要事务矩阵 原则：优先顺序相关原则 程序：优先顺序确定程序

附表2 培训需求分析表（2）

现象（问题表现）		
问题总括		
具体的行为		
行为原因：	解决方案：	
内容确定		
框架设计		原理： 原则： 程序：
		原理： 原则： 程序：
		原理： 原则： 程序：

附表3 OPEN 设计规划表

	项目	检查
主题	关键词/核心理念	○ 简短
兴趣	内容： 形式：	○ 切题 ○ 逻辑 ○ 品位
利益	认知 1. 2. 3. 实际 1. 2. 3.	
概览	1. 2. 3.	

附表 4　ESTF 设计规划表

第一部分

E：内容支柱	S：展示	T：活动	
E：兴趣			
○　T1：原理 ○　T2：原则 ○　T3：程序 What – Why – How	○　录像 ○　示范 ○　实物	○　测试练习 ○　讨论 ○　游戏 ○　角色扮演 ○　案例分析	○　LEDS ○　SSC
FREE 结尾			
E：兴趣			
○　T1：原理 ○　T2：原则 ○　T3：程序 What – Why – How	○　录像 ○　示范 ○　实物	○　测试练习 ○　讨论 ○　游戏 ○　角色扮演 ○　案例分析	○　LEDS ○　SSC
FREE 结尾			
E：兴趣			
○　T1：原理 ○　T2：原则 ○　T3：程序 What – Why – How	○　录像 ○　示范 ○　实物	○　测试练习 ○　讨论 ○　游戏 ○　角色扮演 ○　案例分析	○　LEDS ○　SSC
○　FREE 结尾			
E：兴趣			
○　T1：原理 ○　T2：原则 ○　T3：程序 What – Why	○　录像 ○　示范 ○　实物	○　测试练习 ○　讨论 ○　游戏 ○　角色扮演 ○　案例分析	○　LEDS ○　SSC
FREE 结尾			
F：整体总结 E：期望 R：评价 E：升华	○　录像 ○　示范 ○　实物		

附表 5　FREE 设计规划表

	项目	触动检查 1　2　3　4
回顾	要点：	1　2　3　4
评价	出色： 改善： 感谢：	1　2　3　4
后续	行动：	1　2　3　4
升华	链接： 1. 2. 3. 形式： 兴奋： 1. 2. 3. 检查： ——切题 ——逻辑 ——品位	1　2　3　4

附表 6　角色扮演设计模板

P（目的）	练习的目的是：
R（角色）	角色介绍： ·你本人是： ·你的练习对象是： ·观察员是：
S（情景）	情景简述（关于事件发生的公司、行业、产品、问题等相关因素描述）
T（任务）	任务描述： ·你的任务是： ·你的练习对象的任务是： ·观察员的任务是：
L（条件）	·你必须使用什么技能完成任务： ·遇到问题时，你可以怎么做：
S（提示）	练习提示： ·　你做正确时，会得到什么信号 ·　你做错误时，会得到什么信号

附表7　练习设计模板

	项目	检查指标
目的	所练习的具体的原则或观念是：	具体明确 ○　是 ○　否
常见问题	目标人群： 问题行为： 问题后果	典型性 ○　是 ○　否
干扰因素	来自他人： 什么人： 什么干扰： 1. 2. 3. 来自环境：文化/组织 1. 2. 来自角色自身技能/心态欠缺	典型性 ○　是 ○　否 合理性 ○　是 ○　否
构思故事	确定主角： 职位、年龄、学历等相关因素： 其他人物： 职位、年龄、学历等相关因素： 描述事件： 相关事件过程描述和语言行为描述： ○　产生 ○　经过 ○　结果	典型性 ○　是 ○　否 合理性 ○　是 ○　否

附录8　课程实例

MJ 培训师授证课程

王东云

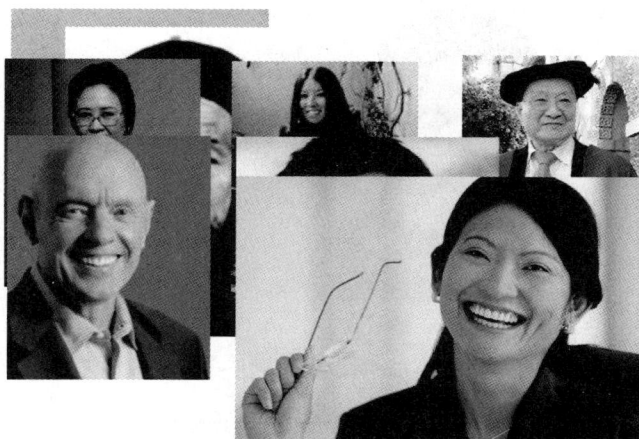

你能叫出他们的名字吗?

王东云版权课程　　Copyright Reserved by Mauricia Wang

他影响了一个时代的格局，成就了一个帝国……

商鞅

他影响了一个帝国统治，延长了至少十年……

曾国藩

他影响了一个帝王的灵魂……

庄士敦

他们影响了许多人的爱情观……

琼瑶　　　　三毛　　　　金庸

他们影响了许多人的人生……

史蒂芬·柯维　安东尼·罗宾

和

他们影响了许多人的人生……

你

是的，你影响了很多人的行走路线……至少在职业领域，尽管你并无意识……

Madam

Imogene *Hill*

因你所言，有人重新选择了职业或生活……

因你所教，有人加快了他们的职业进程……

因你所授，有人获得启发，成就了他的伟业……

因你所嘱，有人避免了心灵崩溃，重新振作……

因你所示，有些人的家庭再一次成为家庭……

吴士宏　　　　　范奕瑾

是的，你影响了很多人的行走……尽管你并无意识

课程内容

模块一：课程设计

1.有关学习的理论。

2.教材设计框架模型。

3.教学活动设计方法。

模块二：课程演绎—授课技巧

1.统合演讲者和引导者。

2.有感染力的表达技巧。

3.统合互动与参与。

王东云版权课程　Copyright Reserved by Mauricia Wang

MU
培训师角器

可能帮助你······

- 将"培训需求"转换成"培训课程"。
- 提升"感染力"和"气场"。
- 提升课堂"温度"和"黏度"。
- 找到并发挥好自己舒服的激发参与方式。
- 找到和学员"共鸣"的方法。
- 课前更少的紧张和忧虑。
- 实现教学相长。

王东云版权课程　Copyright Reserved by Mauricia Wang

MU
培训师角器

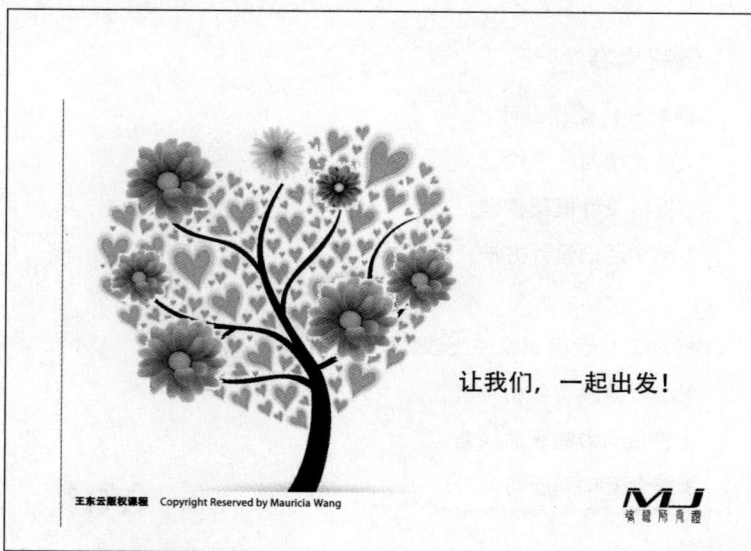

让我们，一起出发！

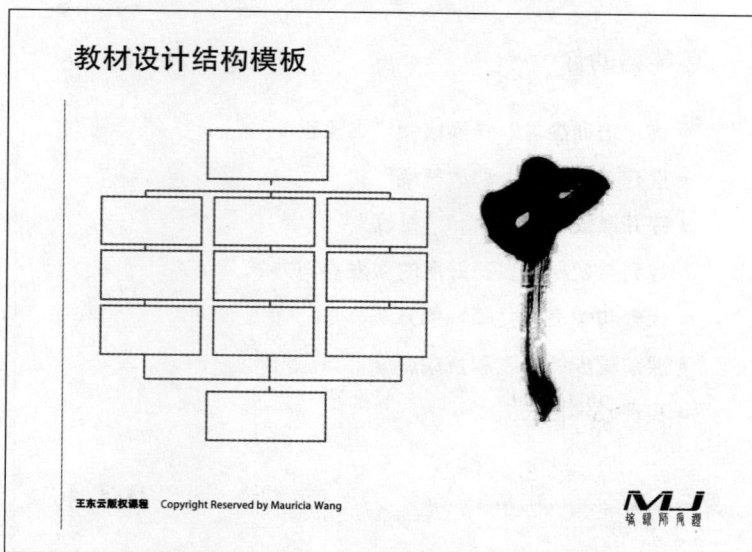

教材设计结构模板

框架设计——开头OPEN

主题
Point

概览
Overview

兴趣
Engagement

利益
Needs
Pay-off

王东云版权课程　Copyright Reserved by Mauricia Wang

激发兴趣

目的

形式

标准

连接
共鸣
期待

故事
案例
……

切题
逻辑
品位

王东云版权课程　Copyright Reserved by Mauricia Wang

你读到了什么？

一骑红尘妃子笑，无人知是荔枝来。

朝辞白帝彩云间，千里江陵一日还。

高堂明镜悲白发，朝如青丝暮成雪。

Measurement System Analysis and Uncertainty

Shi weiqiang
LETC

Sep 14st,2015

PHILIPS

PHILIPS

王东云版权课程　Copyright Reserved by Mauricia Wang

Question

By learning this course, you can_____your measurement system.

A. Understand

B. Evaluate

C. Analyze

D. Improve

E. All of above

王东云版权课程　Copyright Reserved by Mauricia Wang

Content

1. Measurement System introduction

2. Gage analysis using Minitab

3. Measurement uncertainty introduction & example

王东云版权课程　Copyright Reserved by Mauricia Wang

PHILIPS

提供利益

懂得······明白······掌握······解决······

避免什么伤害
不受什么困扰

更快/更好/更轻松

避免遭受损失　　更美好的未来

王东云版权课程　Copyright Reserved by Mauricia Wang

练习

1. 找出课程主旨的关键词,根据关键词设计激发兴趣部分。

2. 设计好之后演示出来。

3. 设计10分钟, 演示不超过10分钟。

你能记住多少?

1.　几呆杂波考某考。

2.　扎台想节棍拉勿得了。

3.　多疑塔西马西呆。

4.　WMDZG SHY SGDHY.

5.　19720516074 ， 19690519, 20020224,20100223。

6.　OSFPSZ – 250000/220。

人们在学习某项知识或技能时

10% 来源于 ___读___
20% 来源于 ___听___
30% 来源于 ___看___
50% 来源于 ___看和听___
80% 来源于 ___说___
90% 来源于 ___做___

 看
 读
 说
 听
 做
 看和听

Source: University of Texas , Metcalf 1997

王东云版权课程　Copyright Reserved by Mauricia Wang

长久记忆

	听到的	听到和看到的	听到、看到、经历过的

3周后	70%	72%	85%
3 月后	10%	32%	65%

"I hear and I forget, I see and I remember, I do and I understand."

- Confucius 550 BC

王东云版权课程　Copyright Reserved by Mauricia Wang

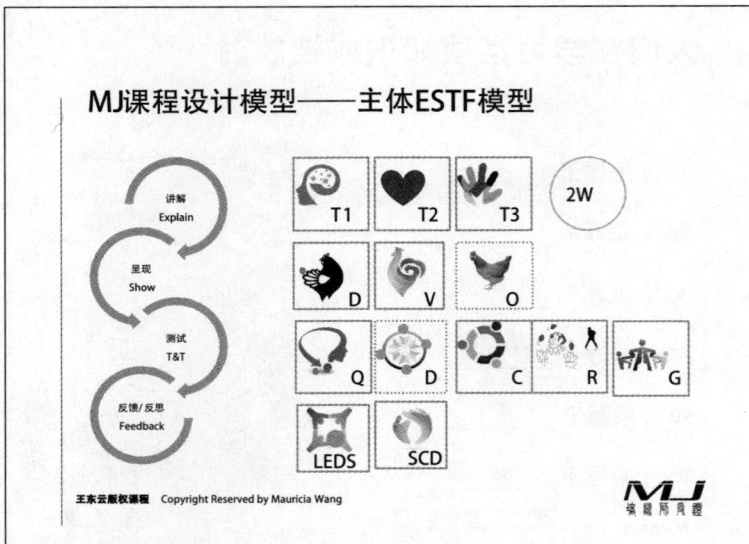

MJ课程设计模型——主体ESTF模型

讲解 Explain
呈现 Show
测试 T&T
反馈/反思 Feedback

T1　T2　T3　2W

D　V　O

Q　D　C　R　G

LEDS　SCD

王东云版权课程　Copyright Reserved by Mauricia Wang

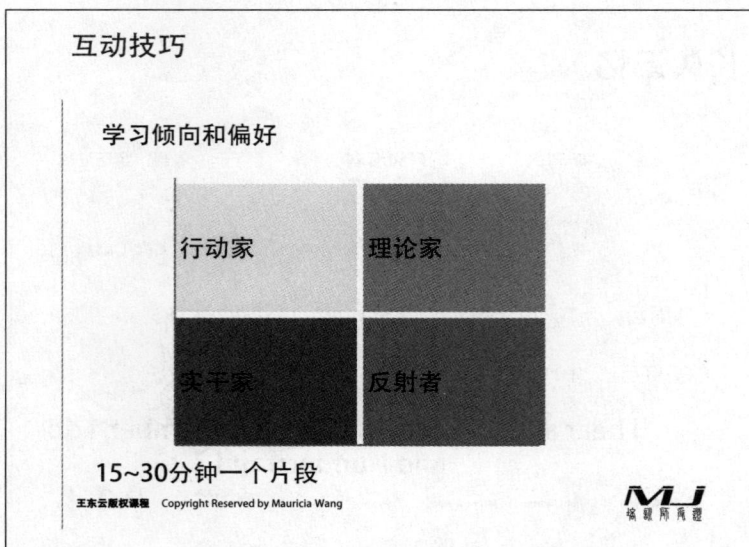

互动技巧

学习倾向和偏好

行动家　理论家

实干家　反射者

15~30分钟一个片段

王东云版权课程　Copyright Reserved by Mauricia Wang

课程框架设计——EST

内容

Explain

原理

原则

程序

要点

什么?　　为什么?

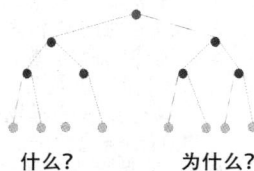

一次一个要点

王东云版权课程　Copyright Reserved by Mauricia Wang

原理

原理

定理或公理，是科学的发现或总结，社会或自然的普遍规律。

原理通常是大家所说的"科学知识"和未加诠释的"既成事实"。

维弗雷多·帕累托

王东云版权课程　Copyright Reserved by Mauricia Wang

霍桑

原理的例子

1.IBM1911年成立于美国。

2.水在零度以下会结冰。

3.三角形两边之和大于第三边。

4.铝是热的良导体，可用铝制造各种热交换器、散热材料和民用炊具。

5.银具有良好的延展性，能够抽成细丝，可制成薄于0.01mm的银箔。

6.化学腐蚀是金属与环境介质直接发生化学反应而产生的损伤。特点：在腐蚀过程中没有电流产生，腐蚀产物直接产生并覆盖在发生腐蚀的地方。

百威案例——Packaging

问题：

1.从第6~12页投影片，每页投影片所涵盖的知识点可以归结为原理吗？

2.学习完以上投影片，老师希望大家得出什么结论？每一页投影片的目的是什么？

3.如果在第6页之前加一张投影片，你会加什么？

你是个有原则的人吗?

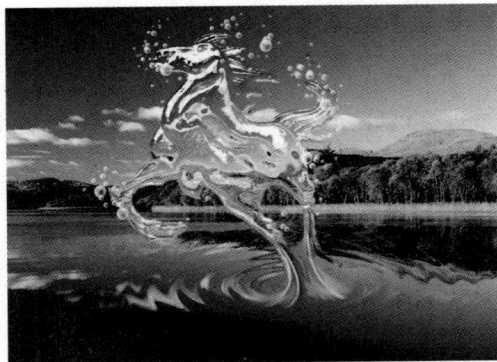

诸相非相、相由心生

王东云版权课程　Copyright Reserved by Mauricia Wang

原则

♥

价值观——态度
人们对客观存在的爱恨、取舍和提倡。

王东云版权课程　Copyright Reserved by Mauricia Wang

你信谁的?

1+1=2	1+1〉2
三角形两边之和大于第三边	我的成功可以复制
组织运行成功关键：职务明确、职务认可、职务意识、授权	心有多大，舞台就有多大
领导就是以身作则影响他人	事件不影响人的情绪，对事件的解读影响人的情绪

MJ

程序

程序是一系列的行动或操作，它导引人们产生预见的结果。

程序的目的是应用，作用在人身上，则是技巧。

MJ

一个好的程序

步骤：
将工作向前推进的节点。
常表现为以动词开始。

要点：
高效、安全地做好每
个步骤，保证每个步
骤品质的关键要点。

步骤和要点都掌握好，技巧在身。

打电机用线结工作分解

工作：<u>打电机用线结</u>　　原物料：<u>双股线</u>　　设备工具：手工

步骤：	要点：
1. 分开双股线拉直	捏住距线端约15公分
2. 绕右线圈	交叉在双股线内侧
3. 绕左线圈	先将线端拉向自己，再绕过另一线端下方交叉在双股线外侧
4. 穿过右线圈	
5. 拉紧线结	并齐两线端，调整线圈 用力拉紧

E：讲解

What	Why
定义：是什么	1. 为什么：好处、联系
比较：不是什么	2. 目的
特征：沿革、性状	3. 功能
How	
怎么做	说明白
步骤、要点	说彻底
应用难点	说难点

王东云版权课程　Copyright Reserved by Mauricia Wang

MJ

框架设计——主体

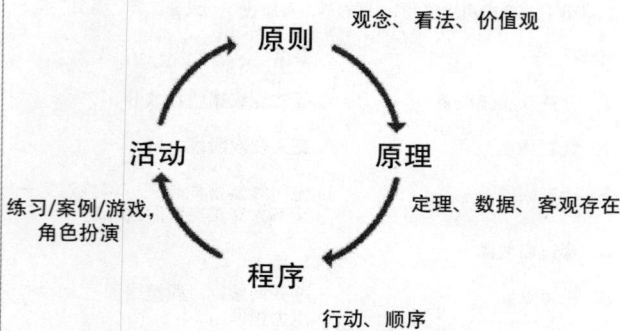

原则　　观念、看法、价值观

活动　　　　　原理

练习/案例/游戏，　　定理、数据、客观存在
角色扮演

程序

行动、顺序

王东云版权课程　Copyright Reserved by Mauricia Wang

MJ

课程框架设计——EST

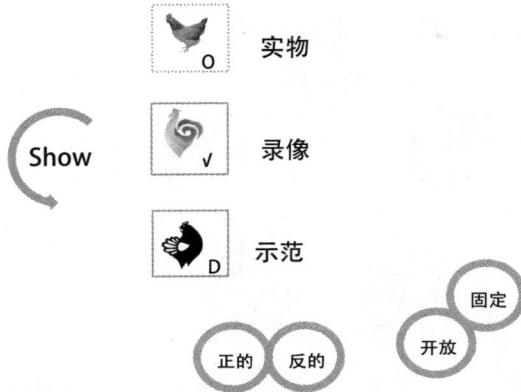

实物

Show

录像

示范

固定

正的 反的 开放

王东云版权课程 Copyright Reserved by Mauricia Wang

创新是苹果的基因

王东云版权课程 Copyright Reserved by Mauricia Wang

苹果的创新领域

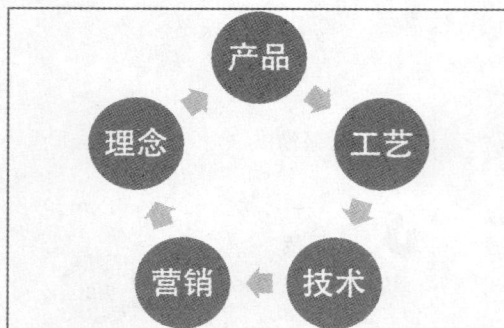

平均创造力

苹果的广告

教材设计框架

如果有全新的理论，这课程就是革命性的。

如果提示了大家所忽视的观念，人们认为你是有智慧的。

如果帮助大家看到了正确的程序，人们认为你是有技在身的。

如果让大家在活动中受到启发，人们认为你是个好的Trainer!

原理

原则

程序

活动

五种参与方式辨析

发散   集合、发展、升华   收敛

讨论	案例	练习	角色扮演	游戏
博学	慎思	明辨	笃行	正心诚意

T：练习设计思路

What		Why	
定义：是什么		1. 为什么：好处、联系	
比较：不是什么、关系		2. 目的	
特征：沿革、性状		3. 功能	
How		练难点、埋包袱	
怎么做			
步骤、要点			
应用难点			

MJ
编程师角理

活动设计模型

步骤	要点
1.确定练习点	具体的原理、原则、程序
2.发现常见问题	1. 目标人群 2. 常见问题行为 3. 问题后果
3.找出干扰因素	1. 来自他人 2. 来自环境：文化/组织 3. 来自角色自身技能/心态欠缺
4.构思故事	1. 确定主角：职位、年龄、学历等相关因素 2. 其他人物：职位、年龄、学历等相关因素 3. 描述事件：相关事件的产生、经过、结果；相关人物的语言、行为描述 4. 注意细节

活动设计模型——王小英

步骤	要点
1.确定练习点	需求不满的消除
2.发现常见问题	1. 经理/主管；各级都有，但低级别多发 2. 不知道如何处理员工的需求不满引起的行为 3. 员工的低绩效行为持续
3.找出干扰因素	1. 来自部属本人——有过错 2. 来自角色自身技能/心态欠缺：漠视
4.构思故事	1. 确定主角：向基层主管汇报的员工、年龄不可能太大、学历大专 2. 其他人物：无 3. 描述事件：翻译事件整个过程 4. 注意细节：手足无措，连装订工作都无法做好

角色扮演剧本

步骤	要点
1. 交代练习目的	1. 具体的原则 2. 具体的一个技巧模型
2. 说明角色	1. 所有的角色说明 2. 不超过5个为宜
3. 背景描述	1. 公司、产品、服务等 2. 会面之前刚发生的事
4. 任务	1. 练习的目的 2. 必须遵循什么规则完成练习
5. 信号	1. 行动信号 2. 检测信号

结尾 FREE 模型

升华
Escalate

FREE

后续
Follow-up

回顾
Recap

评价
Evaluate

Summary

1. You must always check your measurement system.

2. Resolution of instrument must be less than 10% GR&R.

3. Number of distinct categories should be more than 4.

4. % Tolerance gage R&R VS % Process gage R&R VS % Contribution gage R&R.

5. If Gage R&R is more than 30%, which is unacceptable and have to be improved.

6. Diagnostics/run chart can help you to evaluate measurement system and find cause quickly.

7. True value and Error exist but you never know.

PHILIPS

See

Hear

Measure the world,

Make it a better place,

For you and for me and the entire human race.

Feel

Count

Smell

Discover

Detect

PHILIPS

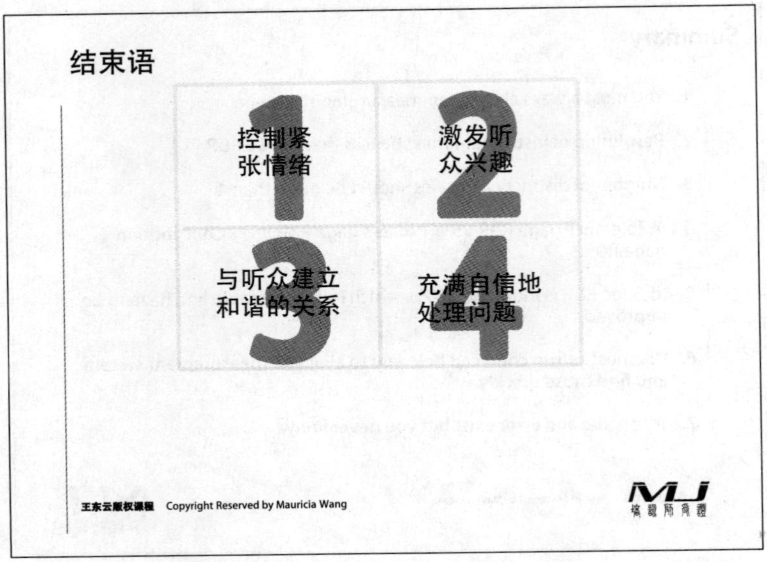

结束语

控制紧张情绪 **1**	激发听众兴趣 **2**
与听众建立和谐的关系 **3**	充满自信地处理问题 **4**

MJ
培训师商礼

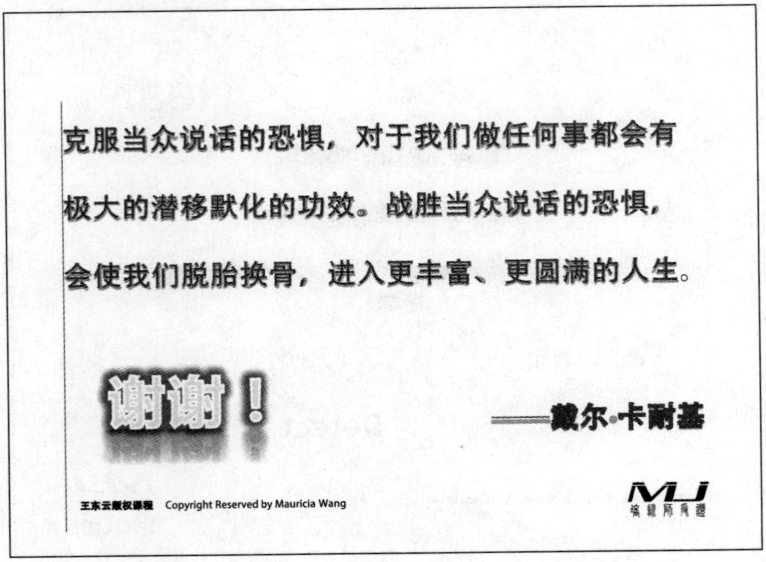

克服当众说话的恐惧，对于我们做任何事都会有极大的潜移默化的功效。战胜当众说话的恐惧，会使我们脱胎换骨，进入更丰富、更圆满的人生。

谢谢！

——戴尔·卡耐基

MJ
培训师商礼

实现最大程度的触动

———从需求开始

王东云版权课程　Copyright Reserved by Mauricia Wang

培训需求类型

1. 解决当前问题。
2. 求新求变求好。
3. 休息放松社交。

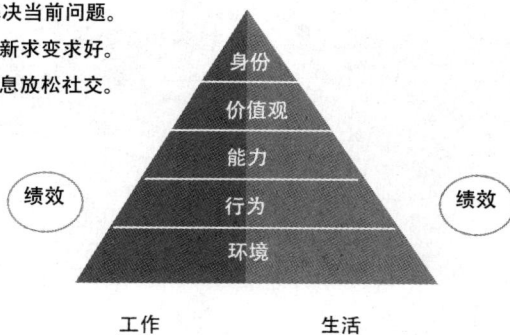

身份
价值观
能力
行为
环境

绩效　　绩效

工作　　生活

王东云版权课程　Copyright Reserved by Mauricia Wang

他到底需要什么？

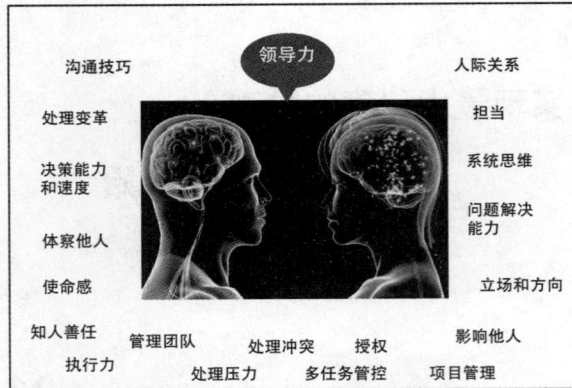

沟通技巧　　领导力　　人际关系
处理变革　　担当
决策能力和速度　　系统思维
体察他人　　问题解决能力
使命感　　立场和方向
知人善任　管理团队　处理冲突　授权　影响他人
执行力　处理压力　多任务管控　项目管理

彼之所言，即我所想！

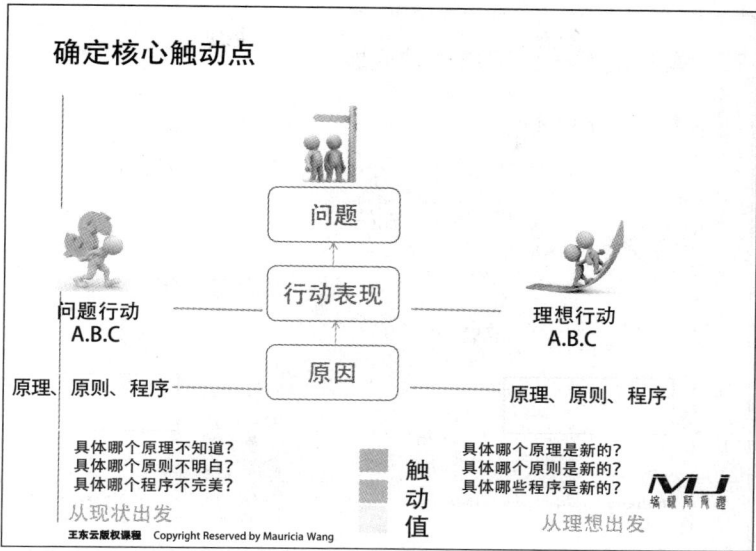

确定核心触动点

问题

行动表现

原因

问题行动
A.B.C

理想行动
A.B.C

原理、原则、程序　　　　　　　　原理、原则、程序

具体哪个原理不知道？
具体哪个原则不明白？
具体哪个程序不完美？

触动值

具体哪个原理是新的？
具体哪个原则是新的？
具体哪些程序是新的？

从现状出发　　　　　　　　　　　从理想出发

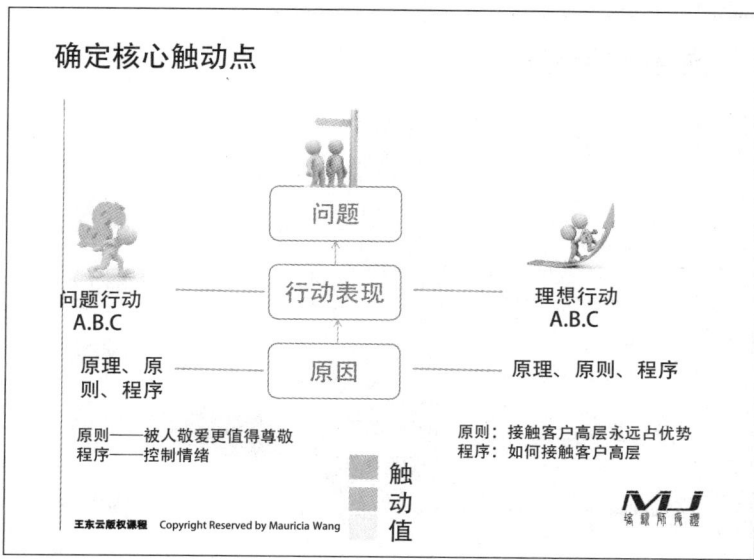

确定核心触动点

问题

行动表现

原因

问题行动
A.B.C

理想行动
A.B.C

原理、原
则、程序　　　　　　　　　原理、原则、程序

原则——被人敬爱更值得尊敬
程序——控制情绪

触动值

原则：接触客户高层永远占优势
程序：如何接触客户高层

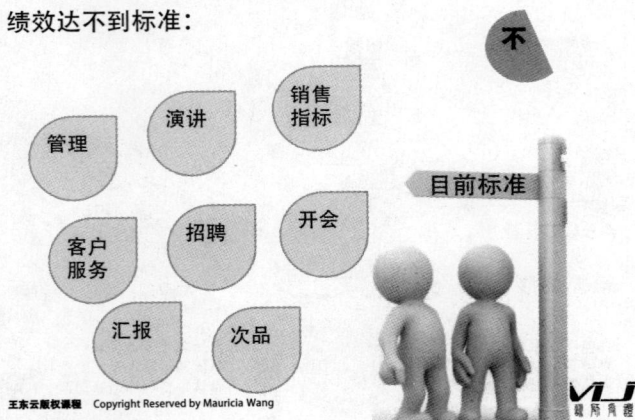

需求类型一：解决当前问题

绩效达不到标准：

管理　演讲　销售指标

客户服务　招聘　开会

汇报　次品

目前标准

不

王东云版权课程　Copyright Reserved by Mauricia Wang

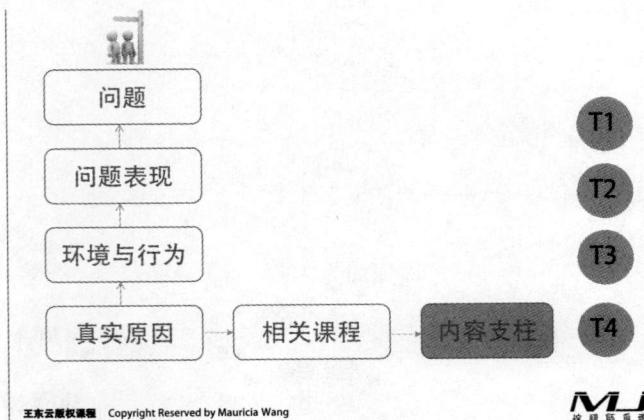

把握需求的核心

问题　　　T1

问题表现　　　T2

环境与行为　　　T3

真实原因　→　相关课程　→　内容支柱　　　T4

王东云版权课程　Copyright Reserved by Mauricia Wang

把握需求的核心——例子（1）

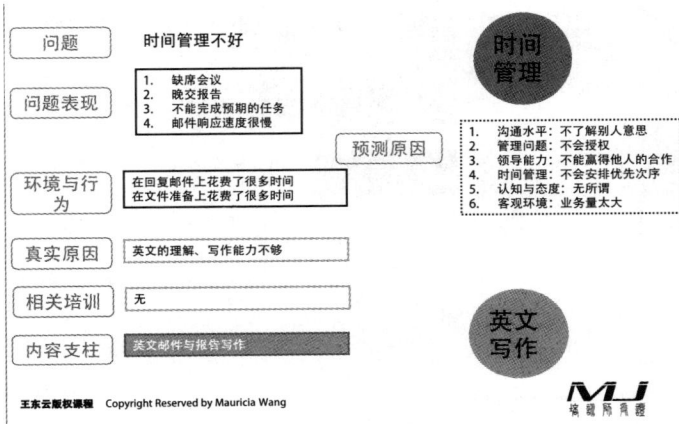

问题	时间管理不好
问题表现	1. 缺席会议 2. 晚交报告 3. 不能完成预期的任务 4. 邮件响应速度很慢
环境与行为	在回复邮件上花费了很多时间 在文件准备上花费了很多时间
真实原因	英文的理解、写作能力不够
相关培训	无
内容支柱	英文邮件与报告写作

时间管理

预测原因

1. 沟通水平：不了解别人意思
2. 管理问题：不会授权
3. 领导能力：不能赢得他人的合作
4. 时间管理：不会安排优先次序
5. 认知与态度：无所谓
6. 客观环境：业务量太大

英文写作

MJ
编辑师角理

把握需求的核心——例子（2）

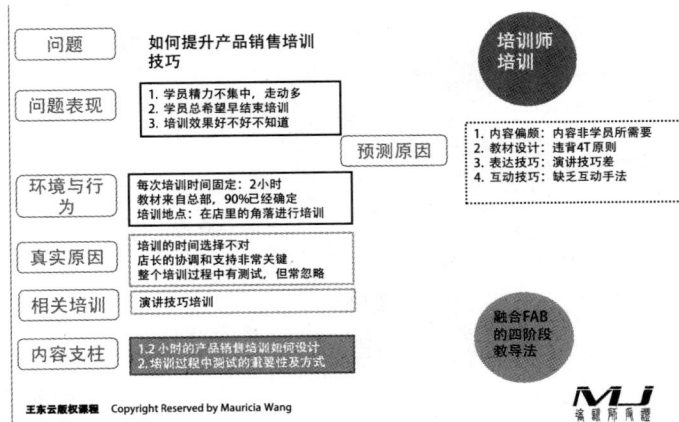

问题	如何提升产品销售培训技巧
问题表现	1. 学员精力不集中，走动多 2. 学员总希望早结束培训 3. 培训效果好不好不知道
环境与行为	每次培训时间固定：2小时 教材来自总部，90%已经确定 培训地点：在店里的角落进行培训
真实原因	培训的时间选择不对 店长的协调和支持非常关键 整个培训过程中有测试，但常忽略
相关培训	演讲技巧培训
内容支柱	1. 2小时的产品销售培训如何设计 2. 培训过程中测试的重要性及方式

培训师培训

预测原因

1. 内容偏颇：内容非学员所需要
2. 教材设计：违背4T原则
3. 表达技巧：演讲技巧差
4. 互动技巧：缺乏互动手法

融合FAB的四阶段教导法

MJ
编辑师角理

课程内容深度把握

小明有3本书，小华有2本书，圆圆是小明和小华所有书的5倍，问圆圆有几本书？	问题	如何提升新产品销量预测的准确度？	如何让培训更有效？	
(3+2)×5	核心内容	新产品销量取决于产品的独特性、广告触达率、铺货率等八大因素	四阶段教导法与FAB的融合	
先*/后+ -	支持内容	为什么是这个公式？	四阶段教导法	1
×/-		八大因素的计算和评估：独特性……	四阶段教导法来源	2
+ -		八大因素名词解释：产品独特性……	不同类型的培训及特点	3
		市场概论、4P与4C	什么是培训、培训的特点	4

MJ 编辑师商礼

课程的核心支柱

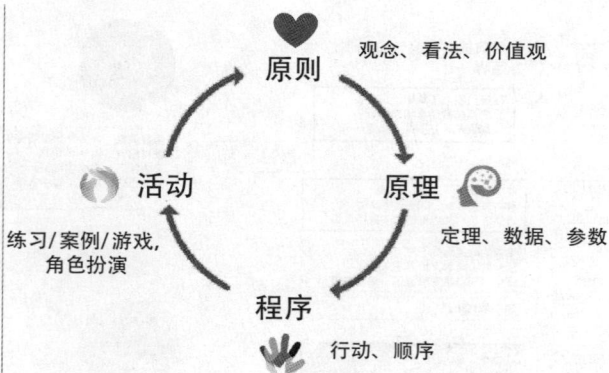

原则　观念、看法、价值观

原理　定理、数据、参数

程序　行动、顺序

活动　练习/案例/游戏, 角色扮演

MJ 编辑师商礼

课程的核心支柱

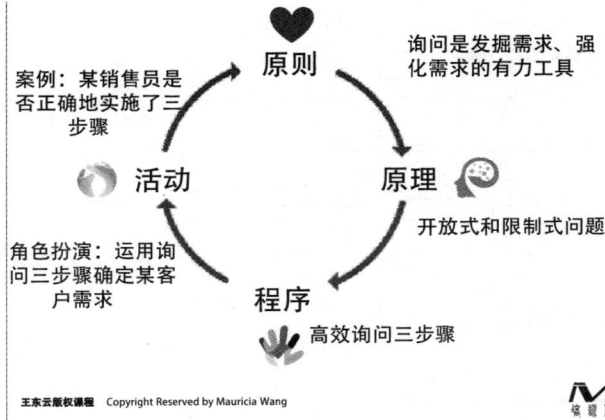

询问是发掘需求、强化需求的有力工具

案例：某销售员是否正确地实施了三步骤

原则

原理

开放式和限制式问题

活动

程序

角色扮演：运用询问三步骤确定某客户需求

高效询问三步骤

MLJ

教材设计结构模板

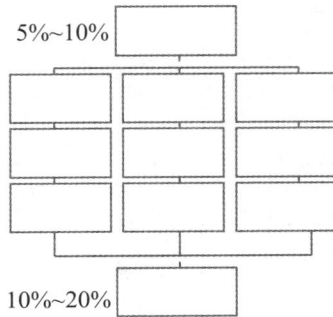

5%~10%

10%~20%

MLJ

教材设计结构模板

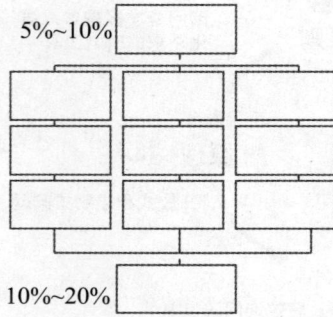

5%~10%

10%~20%

自由飞刀：激发
兴趣

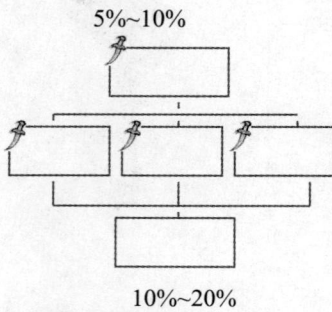

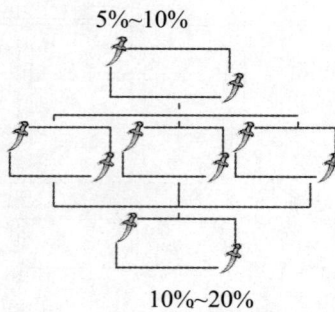

王东云版权课程　Copyright Reserved by Mauricia Wang

教材模板

结构与比例：

5%~10%

10%~20%

5%~10%

10%~20%

王东云版权课程　Copyright Reserved by Mauricia Wang

第二模块

课堂演绎

统合角色

演讲者　　引导者

说　　　　　　　　　　　　　问

演说技巧　　　　　　　　　　提问技巧

指示练习　　回答问题　　总结点评

表达技巧：	引导技巧：
富有感染力的表达	富有启发性的提问和归纳

统合感染力的演讲技巧

肢体语言

目光

手势

走动

姿态　　　　语言表达

　自信

信仰

　言语

声音

王东云版权课程　Copyright Reserved by Mauricia Wa

统合互动与参与度

要让多少人动起来?

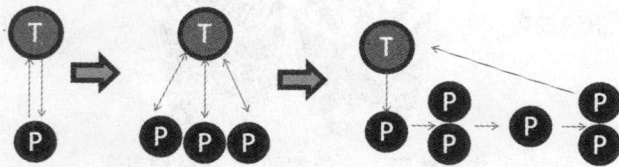

王东云版权课程　Copyright Reserved by Mauricia Wang

授课中的语言表达

条理 过渡语 	简明 "呃" 
自然 讲 	生动形象 场景化 修辞 

授课中的语言表达

条理即秩序。

1. 提供框架。

2. 层级分明。

3. 框架过渡语言（序列语）。

4. 描述符合层级。

授课中的语言表达

条理

过渡语：由一件事转向另一件事情时，承接或总结上面的内容，同时提示或领起下面的内容。

例子：

➢ 我强调三点， 第一是……

➢ ……为了让大家彻底了解，让我和大家说说事情是怎么发生的。

➢ 前面和大家说了这个产品出色的地方，下面说说它的不足……

结构：整体上一脉相承，条理清晰，语言流畅

MJ

授课中的语言表达

简明、条理

练习：演讲下列3页投影片，注意条理明确。

MJ

授课中的语言表达

她的脚在去见客户的时候受伤了，很难受。	她去见客户的时候，穿着新鞋子的脚磨出了水泡，每走一步都钻心的疼。
他提的改善建议对公司业务发展有贡献。	他提的改善建议让公司在原材料一项每年省下了200万元的费用。 2015年，电商平台的总交易规模达到3.8万亿元，较2014年增长37.2%。
电商发展很好很快。	电商发展好到什么程度快到什么程度，我给你讲个故事……

MLJ
锚锚局电缆

这是什么？

水果？

MLJ
锚锚局电缆

这是什么

授课中的语言表达

抽取事物最本质的特性而形成概念,并运用概念进行推理、判断的思维活动。

一个妈妈生四个孩子,生两男两女的概率是多少?

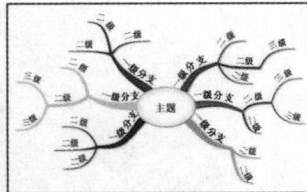

抽象思维　　　　　　具象思维

你看到了什么？

授课中的语言表达

细节

她去见客户的时候，必须要走一段非常泥泞的小路，穿着新鞋子的脚磨出了水泡，每走一步都钻心的疼。

颜色　感受　状态

场景化

具体

他提的改善建议让公司在原材料一项每年省下了200万元的费用。

数字　　形状

故事

电商赚钱到什么程度，我给你讲个故事······。

5W　　我······

创造力和创新

提出新概念和理论，更新技术，发明新设备、新方法，创作新作品都是
创新的表现。

在当今激烈的竞争环境中，如果不进行创新，存活都很困难。

但很多企业不重视创新，依据旧思维、老模式、旧习惯进行管理和运营。
这样的企业能繁荣壮大是不可能的。

白痴的定义：重复过去的行为，
却希望得到不同的结果。

——爱因斯坦

MJ

授课中的语言表达

修辞

比喻
就天猫1小时卖出去160万件文胸，堆起来
有3个珠穆朗玛峰。

对比
阿里巴巴"双十一"的交易额突破300亿
元人民币，是王府井百货今年第一至第三季
度销售额的2倍多，是沃尔玛超市中国店面
去年一年的销售额的一半。

排比
如果电商生意不好，那没有什么生意好了！
如果电商生意不好，那传统渠道就算死了！
如果电商生意不好，那就没法继续讨论了！

引用
"马云说：……"

MJ

比喻

韩国希望将所有的解决方案放在一起一次性解决。

绝望锻炼了我
朴槿惠自传

"在西方用餐时，汤、主餐、甜点依次上桌，但在韩式餐桌上，饭、面、汤会统统一次全部上桌。朝鲜核武器问题虽然也可以像美式风格一样，以阶段式方式循序渐进，但对韩国人来说，我们比较习惯将所有解决方案放在一起一次性解决。"

盐碱地

深淘滩，低作堰

力出一孔，利出一孔

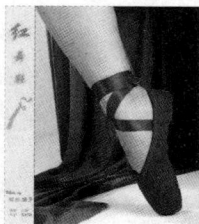

比喻

我把变化前称为旧秩序，把变化后称为新秩序。

打个比方，这就如同英文的基础是26个字母，由这些字母组成了单词，又由这些单词形成了浩如烟海的句子、文章等。现在这个基础改变了，26个字母变成了16个字母，我们以往学习到的单词、语法、文章都被颠覆了……

王东岳版权课程 Copyright Reserved by Mauricia Wang

MJ 编辑师商礼

对比

在旧秩序中，一个常用的词是"我的"，比如我的汽车……人们考虑问题、做事情往往是以自我为中心……

在旧秩序中，森严的等级维持着不平等的社会体系，所以"关系"也就成了最宝贵的资源……

在旧秩序中，有许多环节，组织结构是金字塔状的……成本高……

在新秩序中，一个常用的词是"我们"，它代表一个更大范围的群体，共享服务构成了新秩序中最为重要的……

在新秩序中，人人平等建立起了一种新的平衡，所以才能和智慧是最宝贵的财富……

在新秩序中，很多中间环节被消灭了，组织结构是网状的，这样效率提高了，成本降低了。

王东岳版权课程 Copyright Reserved by Mauricia Wang

MJ 编辑师商礼

排比

I have a dream that …

I have a dream that…

I have a dream that …

I have a dream that …

I have a dream today!

I have a dream that one day…

I have a dream today!

I have a dream that…

引用

"反腐败要先打老虎后打狼，对老虎绝不能姑息养奸，准备好一百口棺材，也有我的一口……"

"你最近进步非常大，从非常差到了比较差。"

"我跟我员工说，遇到问题解决不了就吵，吵不了就打，住院了我出钱。"

授课中的语言表达

修辞

练习：请选择下页投影片，至少使用一种修辞手段表达。

复习：

比喻

对比

排比

引用

SR 生动形象演讲模型

■修辞　■场景化

有关声音

低音 中音 高音
区 区 区

1. 音量充分。
2. 音质饱满。
3. 且"说"且"讲"。

统合感染力的演讲技巧

肢体语言

目光

手势

走动

姿态 语言表达

自信 言语
信仰 声音

肢体语言练习

- 站在哪里不会出错?

  站在两条腿上不会出错!

- 怎么看?

  看着所有的学员，越多越好!

肢体语言

走动　　手势

- 尺寸、重量、形状、方向、位置。
- 重要与紧急。
- 比较和对比。

多少　大小

形态　　位置

肢体语言练习

走动　　手势

请用手势辅助表达出这样一段话：

东边是一排很高的树，西边全是草坪，中间一条很窄的路，10几米长吧，尽头就是我们工厂的大门。大门有6米多高，上面写着三个大字：选矿厂。这三个字特别有来历，是邓小平写的。

引导技巧

我想看你飞得更高　你希望我让你飞得更远

问题的目的

1. 引起注意，凝聚气氛。
2. 增强互动，均衡参与。
3. 引导发现，自我觉察。

引导的本质是提问；提问的本质是互动。

问题分类

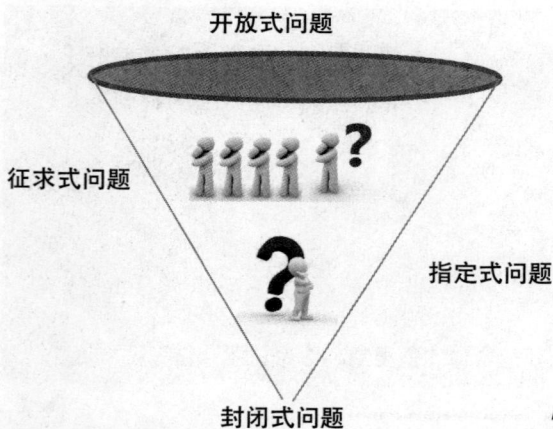

开放式问题

征求式问题

指定式问题

封闭式问题

不同类型的问题

类型	定义	目的
开放式	使用什么、如何、为什么等词语来提问	1.详细了解学员观点 2.获得更多信息 3.鼓励学员多参与
限制式	使用多少、多久、谁、哪里、何时、"是否"来提问	1.控制谈话方向 2.确认了解学员的观点 3.澄清意见

基本原则和信仰

1. 人人平等、术业专攻。

2. 只对问题，不对个人。

3. 主动改善，化解抗拒。

4. 以身作则，互相尊重。

5. 维护自尊，加强自信。

王东云版权课程　Copyright Reserved by Mauricia Wang

MJ

引导的链条

原则：以终为始，一线到底，兼收并蓄

多长为好？

太阳是什么颜色的？

1

绿的

你当时是怎么看的？

2

我戴墨镜

那你若是不戴墨镜呢？

3

不知道

有人觉得是不同颜色的吗？

2

太阳是红的

王东云版权课程　Copyright Reserved by Mauricia Wang

MJ

Q1：我们工作的目的是什么？

A1：赚钱，生活。

Q2：那钱谁给我们呢？

A2：工厂，公司。

Q3：有没有免费发钱的工厂？

A3：没有。

Q4：只有工厂盈利才能发钱，那工厂怎么才能盈利？

A4：生产出好产品。

Q5：好产品的意思是指质量过关吗？

A5：是的。

Q6：光是质量过关就行吗？

A6：不。

Q7：那还有什么？比如成本很高可以吗？

A7：不行。要合理的成本。

S：大家说的都很好，总结一下。我们工作的目的是保证产量、产品质量，还要控制成本。

Q1.我们工作的目的是什么？

A1：做好分内事，完成任务。

Q2.那怎么才算做好了分内事，完成了任务？

A2：在交期内完成了产量，没出什么质量问题，或者工伤事故。

Q3：谢谢。是不是控制生产成本也很重要？

A3：当然，当然。

S：很好，总结一下，可不可以说，我们工作的目的就是保证产量、质量，控制成本，同时还要注意安全。

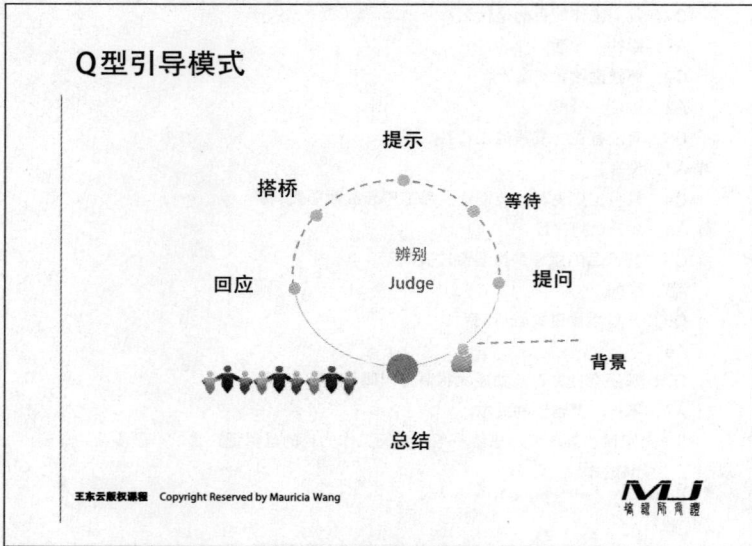

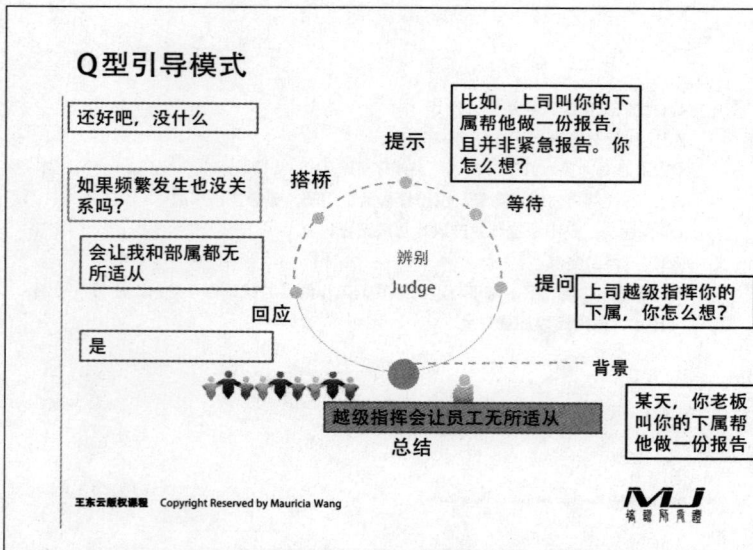

提恰当的问题

提问的KAT:

· Kiss
· Apple by apple
· Up to Three

运用问题互动

练习:

1. TPM 浴缸曲线。
2. 5S 中整顿的作用。

互动参与度控制

要让多少人动起来?

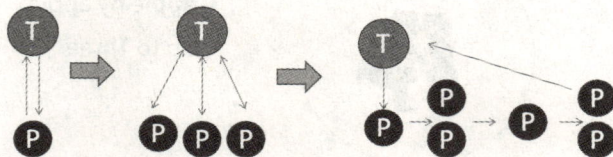

指示练习

说明PRTP:

P 练习目的。
R 练习规则。
T 时间限制。
P 人数要求。

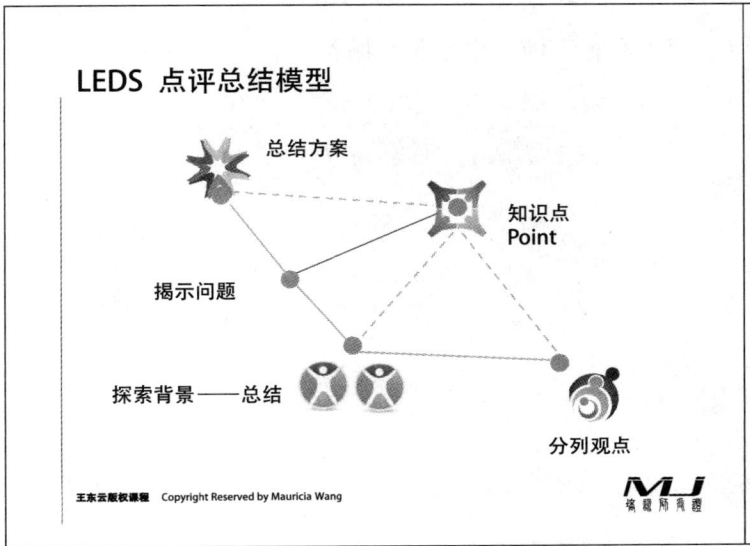

LEDS 点评总结模型

总结方案

知识点
Point

揭示问题

探索背景——总结

分列观点

王东云版权课程　Copyright Reserved by Mauricia Wang

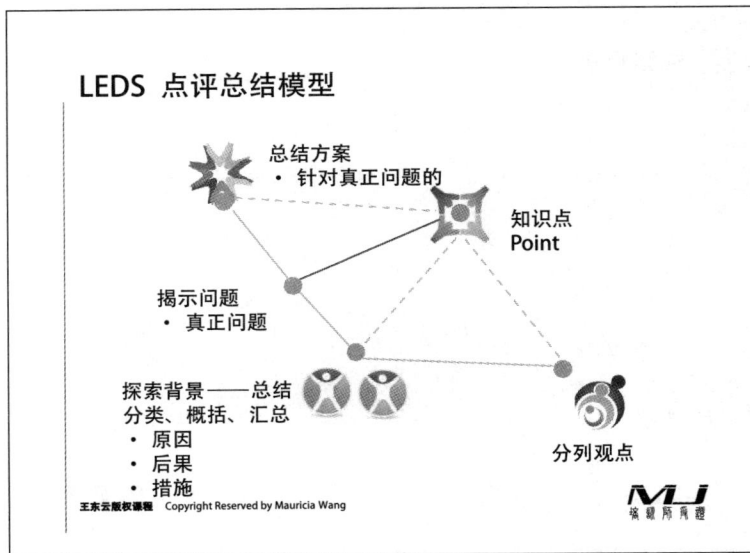

LEDS 点评总结模型

总结方案
· 针对真正问题的

知识点
Point

揭示问题
· 真正问题

探索背景——总结
分类、概括、汇总
· 原因
· 后果
· 措施

分列观点

王东云版权课程　Copyright Reserved by Mauricia Wang

要不要留下他，你会怎么做？

	G1	G2	G3
L	1.和他的经理交谈 2.答应升迁要求 3.配英文秘书或翻译	1.调查是否属实 2.和他谈话，解释 2.要求他的经理升迁他	1.尊重直线经理的决定 3.不作为，任由离开

	S1	S2	
E-S	1.策略：留 2.原因： ·对公司有利 ·其他人不会心寒 3.后果： ·公司不损失生意	1.策略：不留 2.原因： ·不胜任主管职位 3.后果： ·公司可能损失生意 ·其他人心寒	**KK** 升迁的标准是候选人符合将来的职位要求

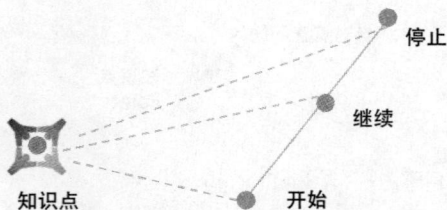

MJ 编织师问题

总结反思

停止

继续

知识点　　开始

MJ 编织师问题

点评总结反思模型

停止
总结方案
继续
知识点
Point
开始
揭示问题
探索背景——总结

分列观点

王东云版权课程　Copyright Reserved by Mauricia Wang

要不要留下他，你会怎么做？

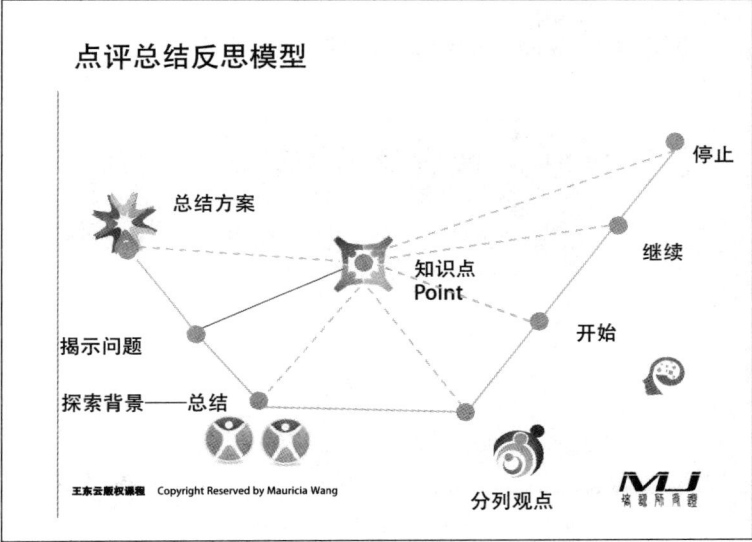

	G1	G2	G3	
L	1.和他的经理交谈 2.答应升迁要求 3.配英文秘书或翻译	1.调查是否属实 2.和他谈话、解释 2.要求他的经理升迁他	1.尊重直线经理的决定 3.不作为，任由离开	
	S1	S2	S2	KK
E&D	1.策略：留 2.原因： ·对公司有利 ·其他人不会心寒 3.后果： ·公司不损失生意	1.策略：不留 2.原因： ·不任任主管职位 3.后果： ·公司可能损失生意 ·其他人心寒	1.还有后果吗？ 不胜任新职位 更难处理的局面 2.真正的问题： 当下： 走而他人心寒 找留却不形成新问题 如何避免：	升迁的标准是候选人符合将来的职位要求
	S1	S1		
S	当前： 1.先留：解释、计划 2.不成功：找销售接替 3.成功：发展计划	避免 1.定期Review		

王东云版权课程　Copyright Reserved by Mauricia Wang

要不要留下他，你会怎么做？

SCD	Stop	Continue	Start	KK
	1.为了挽留而放弃立场	1.坚持半年度盘点	1.人才发展计划	升迁的标准是候选人符合将来的职位要求

你会怎么做？

	G1	G2	G3	
L	1.找他们吃饭 2.多聊天，沟通 3.召开正式会议沟通	1.宣布开会纪律 2.倡导合作的文化 3.硬性指派任务	1.选取可能的争取 2.调离死硬派 3.给听话的人好处	

	S1	S2	S2	KK
E&D	1.策略：和 2.原因： ·立足未稳 ·很难用强 3.后果： ·不会有大问题	1.策略：战 2.原因： ·新官上任三把火 3.后果： ·他人畏惧，顺从 ·影响绩效	1.还有后果吗？ ·不胜任新职位 ·更难处理的局面 2.真正的问题是？ 当下： ·解决"不平等"的感觉 ？ 避免：	公平感是激励员工积极性的因素

	S1	S1		
S	当前： 1.沟通/吃饭…… 解决"不公平"的感觉	将来： 如何避免不公平感？ 1.职位空缺公示		

你会怎么做?

SCD	**Stop** 1.空降	**Continue** 1.离职面谈	**Start** 1.职位空缺公示	**KK** 公平感是激励员工积极性的因素

回答问题的原则

1. 简单明确。

2. 去除迷惑。

3. 正面积极。

4. 启发思考。

- 不入圈套。
- 不懂装懂。
- 不包打天下。

不用立即回答的问题

   1.主题不相关。

   2.隐私。

   3.时间不充分。

   4.宗教或政治。

隐喻和PREP 模型

不立文字，直指人心。

一语中的，痛快淋漓。

PREP 回答问题模型

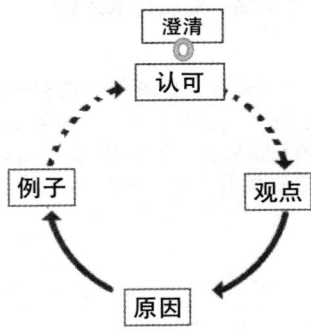

四原则：

简正去发，自然圆满

你怎么看？

1. 管理就是忽悠？

2. 员工应该完全遵守公司的规章制度吗？

3. 为什么要组织激发能量的活动？

4. 为什么要Reflect？

运用隐喻回答问题

1. 我有一个客户，特别冷漠难搞，每次打电话约他见面都被他拒绝，我该怎么办？

2. 我们部门的一个员工，特别喜欢钻规章制度的空子，比如5分钟不算迟到，他永远会晚到5分钟；公司规定工作到7：30以后可以报销50元晚餐费，他就会想尽办法磨蹭到7：30，到了之后就立即离开。对这样的人有没有办法？

MJ

隐喻和PREP 模型

不立文字，直指人心

相似的问题情境+反问

MJ

运用隐喻回答问题

"你的问题让我想到一个故事……"

您一个人在房间会不会吃肉呢？

为什么我努力了还是得不到？念经行善了但命运却不变？

如果世人都像你一样出家，人类还能延续吗？

星云大师

绝望锻炼了我
朴槿惠自传

"有一定体力且健康的人，相信一口气跑好几公里都不成问题，但是对刚开完刀身体不适的人来说，过度的运动会不会反而带来负担呢？"

1. "你认为是什么原因让你坐到今天这个位置上呢？"

2. "有家庭的因素吗？"

3. "可我相信你一定听别人说过，说你今天能够成为这家公司的CEO，是因为你有这样一位父亲。"

4. "如果你的父亲不是李鹏，今天你还会成为中电国际的CEO吗？"

王东芸版权课程　Copyright Reserved by Mauricia Wang

我想更多是源于不懈的努力。

家庭因素对于一个人来讲是双方面的，可能有好的，也可能要付出，毕竟父亲太闪亮，所以无形中你得到更多的是压力。

20年中，中电国际由小到大，由弱到强，不是任何一个人都可以做得来的。具体到是与不是，我觉得没有必要去回答，应该让事实说话，让时间去证明。

我想，一个人出生在比较好的家庭，如果没有自己的努力，只有父辈的影响，即使给了你这个位置，也是扶不起的阿斗。

王东芸版权课程　Copyright Reserved by Mauricia Wang

MJ 培训师培训原则

内容第一。

氛围第二。

能量第三。

逻辑第四。

MJ
培 礼 师 商 礼

博学之，审问之，慎思之，明辨之，笃行之。有弗学，学之弗能，弗措也；有弗问，问之弗知，弗措也；有弗思，思之弗得，弗措也；有弗辨，辨之弗明，弗措也；有弗行，行之弗笃，弗措也。人一能之，己百之；人十能之，己千之。果能此道矣，虽愚必明，虽柔必强。

《中庸》

MJ
培 礼 师 商 礼

与你同行

昨夜西风凋碧树，独上高楼，
望尽天涯路！

衣带渐宽终不悔，为伊消得人
憔悴！

众里寻他千百度，
蓦然回首，
那人却在，灯
火阑珊处！

王东云版权课程　Copyright Reserved by Mauricia Wang

让我们一起去飞翔，
飞翔去远方……

后记　互联网时代课堂培训的新趋势

近年来，培训师们普遍发现，学习者和十年前的状况大不相同：培训还未开始他们就似乎已经知道了培训内容，很难长时间抓住他们的注意力，他们会频繁地刷屏，甚至还利用手机上网的便利性去搜索、验证老师所讲内容的正确性。

学习者的变化，与时代的变化密不可分。社会进入"互联网＋"的时代，成像技术和信息技术的发展与普及，导致了信息和学习资源的快速传播，学习者在进入培训教室之前，已经在互联网上看到或听到与培训主题多少相关的概念或信息片段。各种形式的网络课程蓬勃发展，对教室培训（Classroom Training）也造成了冲击和影响，教学活动开始出现一些新的趋势。这种趋势可以概括为简短化、可视化、体验化和娱乐化。

所谓简短化，即课程节奏变快，课堂活动之间的切换时间变短。以前讲一个，与概念相关的主题，从历史到未来，从概念到应用，无所不包；而现在学习者不想听到"网上都能找到的东西"，希望老师将这部分缩减到最少，去讲老师有独到见解的内容，网上看不到的东西。以前讲解30分钟，做一个活动，现在最好10分钟就变一下授课形式。一切文字描述性的材料都在变短。复杂的案例叙述不再受欢迎，文字描述最好限于一页纸之内。情景描写详细的角色扮演不再是专业和高品质的象征，而是老旧和过时的代名词。角色扮演的剧本简短到寥寥几行，仅提供大致的背景框架，其他的细节学习者乐于自我补充。

所谓可视化，即视频取代了文字和语言，拥有前所未有的影响力：案例由文字变成视频，培训师的叙述可用视频替代，运用视频展示例子而不是"讲解"例子。动画、实物、模拟、真人Show，这些视觉化的手段替代了传统的、单一的语言讲解。

所谓体验化，即一切以体验为中心。人们不再热衷于扮演别人的故事和情景，角色扮演被人们抛弃，人们更喜欢演自己的内心故事，"Role Play"变成了"Real Play"。学习者愿意直接拿出自己的问题检验刚学到的知识，在课堂上获得意见和建议。为了最大限度地满足体验的需要，学习者愿意牺牲学习速度，采用现场绘画和其他视觉化的形式，表达自己的心情和感受，在现场进行共同创作；培训教室已经不能满足学习者对于感受的需要，学习者选择特色酒店、沙漠、风景优美的场所作为学习地点以满足体验。

所谓娱乐化，反映了没有谁坐到教室里的目的是正儿八经地聆听和练习。大家都渴望着要体验一场戏剧，带着"玩 High"的期待。一本正经地说道理，踏踏实实地教学和练习像是中世纪的苦行僧生活，与学习者的期待距离很远。练习点到即止就好了，人们期待听到以前不曾听到过的稀奇事，新鲜的奇闻逸事，有意思的故事。

也有一些东西没有变，而且随着时代的发展变得更加重要，这就是培训师应关注的一些基本原则。这些基本原则笔者称其为培训师确保教室培训（Classroom Training）成功的"心经"。

内容第一。

如果内容是符合学员需要的，即使授课的技术不完美，教学手法有所欠缺，也会让学员感到满意。讲什么是第一位的问题，一定要准确了解学习者的需求是什么：知识点上的需求是什么？情感上的需求是什么？越准确，离成功越近。

氛围第二。

一堂好的培训课程，整体的氛围很重要。培训师一定要以身作则，营造一种积极、开放、向上的学习氛围。要运用各种手段，让所有的学习者"活在当下"，投入学习当中，体会当下发生的一切，激发每个人的学习意愿，向自己学习，向他人学习，向老师学习。这种氛围可以概括为互相尊重，积极向上，乐于分享，乐于探讨，实事求是。

能量第三。

好的教学手法能带来能量，不当的教学手法会导致能量损失。要运用一切手法，激发出学习者的能量，让课程保持一种高能量状态。学习、分享、放松、活动、表演，凡是能带来正面的高能量的一切行动，都值得探索和尝试。

逻辑第四。

尽管人们越来越注重培训中体验和情感的部分，但体验、情感与逻辑顺畅并不矛盾，而且，逻辑顺畅是体验和情感的基础。课程设计上要尽量做到整体内容逻辑顺畅，核心内容和支持内容既泾渭分明，又互相支持。

参与第五。

在时间和条件允许的情况下，如果能用引导的方式，就不要用讲授和灌输的方式，如果能让学习者体验，就不要只是运用讲解。不仅让学员的大脑动起来，而且要让他们的双手、他们的身体都动起来，全身心地投入学习中去。